Vivre Pleinement

Vivre Pleinement

Apprendre à respirer la joie de vivre

Shyalpa Tenzin Rinpoché

ADA éditions

Éditeur : François Doucet
Traduction : Christian Hallé
Révision linguistique : Féminin Pluriel
Correction d'épreuves : Émilie Leroux, Nancy Coulombe
Conception de la couverture : Catherine Bélisle
Images de la couverture : © Getty images
Mise en pages : Guillaume Provost
ISBN papier 978-2-89786-721-8
ISBN PDF numérique 978-2-89786-722-5
ISBN ePub 978-2-89786-723-2
Première impression : 2018
Dépôt légal : 2018
Bibliothèque et Archives nationales du Québec
Bibliothèque et Archives Canada

Éditions AdA Inc.
1385, boul. Lionel-Boulet
Varennes (Québec) J3X 1P7, Canada
Téléphone : 450 929-0296
Télécopieur : 450 929-0220
www.ada-inc.com
info@ada-inc.com

Diffusion

Canada :	Éditions AdA Inc.
France :	D.G. Diffusion
	Z.I. des Bogues
	31750 Escalquens — France
	Téléphone : 05.61.00.09.99
Suisse :	Transat — 23.42.77.40
Belgique :	D.G. Diffusion — 05.61.00.09.99

Imprimé au Canada

Québec
Crédit d'impôt livres
Gestion SODEC
Financé par le gouvernement du Canada
Canada

Participation de la SODEC.
Nous reconnaissons l'aide financière du gouvernement du Canada par l'entremise du Fonds du livre du Canada (FLC) pour nos activités d'édition.
Gouvernement du Québec — Programme de crédit d'impôt pour l'édition de livres — Gestion SODEC.

Catalogage avant publication de Bibliothèque et Archives nationales du Québec et Bibliothèque et Archives Canada

Shyalpa Tenzin, Rinpoche, 1958-

[Living fully. Français]
Vivre pleinement : apprendre à respirer la joie de vivre / Shyalpa Tenzin Rinpoché ; traduction, Christian Hallé.
Traduction de : Living fully.
ISBN 978-2-89786-721-8
1. Vie religieuse - Bouddhisme. 2. Vie spirituelle - Bouddhisme. 3. Bouddhisme - Doctrines. I. Titre. II. Titre : Living fully. Français.

PS8603.E25T73 2018 jC843'.6 C2018-941155-4

À tous mes maîtres

Table des matières

Préface de l'éditeur

V*ivre pleinement : Apprendre à respirer la joie de vivre* est une compilation représentative des enseignements profonds et spontanés que transmet Son Éminence Shyalpa Tenzin Rinpoché à ses étudiants, aux États-Unis, depuis plus de vingt ans. Les connaissances approfondies de Rinpoché guident ceux qui aspirent sincèrement à se comprendre eux-mêmes, à comprendre leur monde et à vivre une vie vraiment porteuse de sens. Tout comme une petite clé peut ouvrir la porte derrière laquelle se trouvent de splendides trésors cachés dans un magnifique manoir, ces enseignements succincts et incisifs peuvent révéler des instructions profondes, pénétrantes et bouleversantes sur la façon de transformer notre esprit et de le libérer.

Le visionnaire, poète et lauréat du prix Nobel bengali Rabindranath Tagore a dit un jour : « Le but de l'éducation est la liberté de l'esprit, et celle-ci ne peut être atteinte qu'en empruntant la voie de la liberté. » C'est également ainsi que Rinpoché conçoit toutes les formes de pratique spirituelle et notre véritable raison d'être. Pour Rinpoché, une vie satisfaisante et porteuse de sens n'est possible qu'à la condition de jouir d'une authentique liberté intérieure.

À l'hiver 2007, Son Éminence Shyalpa Tenzin Rinpoché a suggéré à ses élèves de publier un livre regroupant ses enseignements. Comme la transcription des enregistrements audio de ses conférences était en cours depuis déjà plusieurs années, le moment semblait bien choisi. Motivé par la compassion et le souci du bien-être de tous, Rinpoché aspirait à rendre accessibles à un plus large public les enseignements de la voie sacrée du bouddhisme.

Comme disait le grand maître bouddhiste indien Saraha : « Quand les paroles du maître entrent dans votre cœur, c'est comme tenir un joyau précieux dans la paume de votre main. » La tâche d'extraire ces joyaux inestimables du vaste et profond trésor des enseignements de Rinpoché était pour le moins intimidante, mais ce labeur s'est avéré extrêmement enrichissant. Nous sommes aujourd'hui heureux de vous présenter ce précieux recueil d'instructions et d'enseignements aussi éclairants qu'inspirants.

Vivre pleinement : Apprendre à respirer la joie de vivre suit une progression thématique relativement souple. Le lecteur peut aborder chaque chapitre de façon séquentielle et prendre le temps de réfléchir avant de passer au suivant. Pour saisir la façon dont les principaux thèmes refont surface de manière organique avec une signification de plus en plus profonde au fil des pages, l'image d'un escalier en colimaçon peut s'avérer utile. Les différentes sections de chaque chapitre peuvent aussi être lues de façon indépendante si le lecteur sent que les sujets abordés présentent pour lui un intérêt immédiat. Chaque section est un enseignement complet en soi. Même si aucun texte ne peut transmettre l'énergie d'une présentation orale, ce format semblait le mieux adapté pour rendre le style spontané de Shyalpa Tenzin Rinpoché. Les lecteurs attentifs et ouverts d'esprit saisiront peut-être les profonds sous-entendus de ses enseignements, capables de se frayer un chemin jusqu'à notre propre nature sagesse innée. Nous encourageons le lecteur à voir dans ce livre un fidèle compagnon et à s'en servir comme un guide pratique pour vivre pleinement.

Les chapitres I et II abordent la question de l'attitude et de l'approche appropriées pour entreprendre notre aventure spirituelle du bon pied. Le chapitre III décrit les qualités que nous découvrons et cultivons en cours de route. Les chapitres IV à IX présentent les enseignements qui forment la trame de la voie bouddhiste. Les chapitres X à XIII offrent des conseils et des instructions concernant notre aventure personnelle. Les chapitres XIV et XV traitent du rôle d'un maître authentique et de l'importance d'établir des liens avec un tel ami spirituel afin de vivre courageusement et librement. Le chapitre XVI réaffirme la promesse de notre aventure spirituelle et nous encourage à faire bon usage de notre vie et à vivre pleinement chaque instant. Le texte fait souvent allusion à « notre tradition » ; cette tradition renvoie généralement aux enseignements du Bouddha ou plus particulièrement à la tradition bouddhiste de la Grande Perfection.

D'abord et avant tout, nous voudrions exprimer notre plus sincère reconnaissance à notre bon maître, Son Éminence Shyalpa Tenzin Rinpoché, pour nous avoir donné l'occasion de nous replonger dans ses enseignements si profonds. Rinpoché a fait preuve d'une confiance indéfectible en notre savoir-faire et nous a continuellement inspirés, conseillés et soutenus tout au long du processus. Notre principal souci était de ne pas déformer le sens ou l'intention du message de Rinpoché durant la préparation du manuscrit en vue de sa publication. Nous sommes seuls responsables des erreurs ou déformations qui auraient pu s'y glisser.

Après avoir terminé une première version du manuscrit, Rinpoché nous a aidés à organiser le contenu de façon claire et cohérente. À de multiples occasions, Rinpoché nous a offert des instructions et des enseignements additionnels quand nous sentions qu'il était nécessaire de clarifier ou d'amplifier un point. Cette collaboration unique s'échelonnant sur une période de plusieurs années témoigne du dévouement de Rinpoché à l'égard de ce projet et de ses élèves.

Plusieurs élèves de Rinpoché ont contribué à la révision, à la sélection et à l'édition des transcriptions. Parmi ceux-ci, nous tenons à remercier tout particulièrement Rich Reilly, Zach Larson, Sam Fohr, Carol Oberbrunner, Margaret LaFrance, Madalyn Smith, Marilyn Privett, Martha Donovan, Ives Waldo, George Saunders, Craig Davis, Cheryl Ramsdell-Speich, Emily Shuldman et Louise Koval. Plusieurs autres élèves et amis de Rinpoché, trop nombreux pour être mentionnés ici, ont généreusement offert leurs conseils et leurs encouragements. Les transcriptions qu'a tirées Pema Tara des fichiers audio nous ont été indispensables. Un merci tout spécial à la journaliste, auteure et éditrice Deena Guzder pour son inestimable travail de révision et ses suggestions.

Nous tenons également à remercier Jason Gardner, rédacteur en chef de la New York Library, Jeff Campbell, notre correcteur, et Joy Azmitia, notre agente littéraire chez Russel & Volkening.

Maintenant que cette tâche si gratifiante est derrière nous, nous vous dédions les fruits de notre labeur avec une joie sincère, en espérant que les paroles de notre cher maître seront profitables à d'innombrables êtres.

Paul J. Patrick
Directeur de la rédaction,
Rangrig Yeshe

Introduction

Les êtres les plus sublimes et les plus remarquables excellent à vivre pleinement et semblent ne jamais s'appesantir sur le passé. Je l'ai observé en la personne de mon propre maître, qui, après avoir reçu de nombreuses demandes, a résumé sa vie en trois phrases magnifiques. À l'inverse, certains maîtres, tout aussi extraordinaires, ont écrit l'histoire de leur vie en détail, et leurs récits sont également inspirants. Les événements qui ont marqué ma propre vie n'ont rien d'exceptionnel, et je suis convaincu que le message est plus important que le messager. Toutefois, on m'a demandé de raconter brièvement ma vie pour établir, dans la mesure du possible, un lien favorable et personnel avec mes lecteurs.

Je suis né au pied des majestueuses montagnes de l'Himalaya. Après mon premier anniversaire, ma famille s'est installée à Orissa, dans l'est de l'Inde. À l'époque où ils vivaient au Tibet, mes parents étaient de riches propriétaires terriens, mais après avoir pris le chemin de l'exil, ils ont dû travailler pendant de longues heures sous un soleil de plomb à abattre des arbres et à défricher la terre pour préparer la récolte du maïs. Durant ma plus tendre enfance, ce sont mes grands-parents qui se sont principalement occupés de moi, m'élevant avec amour et m'entourant de leurs tendres soins. D'une certaine façon, ils ont été mes premiers maîtres, car c'est d'eux que j'ai appris à protéger les autres et à me soucier de leur bien-être.

Apparemment, mes proches ont deviné très tôt la direction que prendrait ma vie. Ma grand-mère m'a raconté qu'à l'âge de deux ans, je joignais les mains en signe de révérence lorsque j'entrais dans le temple de notre quartier. Et un lama bouddhiste réincarné de la région a confié à ma grand-mère que j'étais destiné à devenir un guide spirituel.

À quatre ans, je me joignais à mon père aux premières lueurs de l'aube tandis qu'il s'adonnait à ses prières et à ses rituels quotidiens. Je jouais rarement avec des jouets comme les autres enfants, mais je m'intéressais beaucoup aux objets spirituels, aux cloches et aux tambours. Ces instruments sacrés m'ont permis d'établir mes premiers liens avec l'enseignement du Bouddha et ont marqué le début de mon propre voyage initiatique.

À l'âge de six ans, j'ai commencé à fréquenter l'école publique pour y recevoir une éducation séculière, puis durant l'après-midi, de retour à la maison, j'étudiais et mémorisais les textes sacrés du bouddhisme jusqu'à l'heure du dîner. J'entendais souvent, dehors, le rire de mes amis pendant qu'ils jouaient à cache-cache ou au soccer. J'avais envie de me joindre à eux dans la lumière de l'après-midi. Toutefois, ma sage grand-mère m'encourageait gentiment à me concentrer sur mes études religieuses, croyant que ma destinée était de devenir un chef spirituel.

Le jour de mon quinzième anniversaire, mon grand-père m'a demandé de choisir une épouse parmi les jeunes filles de notre village. Mais à cet âge-là, je souhaitais davantage poursuivre mes études, et j'ai été accepté à l'Institut des hautes études tibétaines, à Sarnath, en Inde. Chaque matin, mes camarades de classe et moi suivions des cours sur la philosophie antique, les rituels et les prières. Durant l'après-midi, nous allions nous asseoir dans les jardins parfumés qui entouraient l'université et prenions part à des discussions et des débats philosophiques animés. Au fil des ans, ma compréhension de ce mode de vie spirituel et ma foi en celui-ci s'affermissaient de plus en plus.

Au cours de ces six années consacrées à l'étude, une lettre est arrivée, m'informant que mon grand-père était mort. Profondément attristé, je suis retourné à la maison durant les vacances estivales, où j'ai appris que mon beau-père était également décédé et que mes parents étaient tous les deux gravement malades. Ma mère était dans le coma. Avec les moines et les lamas, j'ai accompli les rituels pour les morts et récité les prières pour les malades. Je me suis consacré à aider mes parents à recouvrer la santé, mais leurs chances de rétablissement n'étaient pas très prometteuses.

Dans la tradition bouddhiste, on croit que sauver des animaux destinés à être sacrifiés contribue non seulement à leur épargner des souffrances, mais crée également des conditions favorables à une longue vie pour nous-mêmes. Plus important encore, faire preuve de compassion de cette façon transforme les obstacles négatifs pour ceux qui sont au seuil de la mort. Quand votre cœur est vraiment rempli de compassion, tout semble aller pour le mieux. Avec l'argent qui me restait après avoir payé les frais médicaux, j'ai pu sauver la vie de milliers de poissons en les relâchant dans le Gange alors que ma mère était dans le coma depuis douze jours. Par miracle, ma mère s'est éveillée et a pu se reposer paisiblement pour la première fois depuis des semaines. Par la suite, mes parents ont recouvré la santé de façon continue.

Après avoir étudié pendant des années les fondements de la philosophie bouddhiste, j'ai rencontré mon maître racine et plusieurs autres grands maîtres qui m'ont enseigné et transmis ce qu'ils savaient afin que je puisse m'émanciper et être initié aux secrets de la tradition de la Grande Perfection. La Grande Perfection représente l'apogée des enseignements bouddhistes, la voie suprême pour atteindre la réalisation directe de la nature claire et lucide de l'esprit.

À l'âge de vingt et un ans, j'ai été invité dans la région du Kham, dans l'est du Tibet, pour y être nommé chef spirituel du monastère et centre de retraite Shyalpa. Dans le cadre de mon intronisation, le vénérable lama Khenpo Dorje et quelques autres lamas de la région ont célébré la très secrète puja de Padmasambhava. Durant cette cérémonie, des prières sont offertes au second Bouddha, Padmasambhava, qui a introduit au Tibet les précieux enseignements du bouddhisme. J'ai été touché par cette bienveillante réception. Leur confiance en moi a renforcé ma détermination à diriger le monastère. C'était un honneur et un privilège de pouvoir me rendre utile de cette façon.

En 1987, on m'a invité à venir enseigner aux États-Unis. J'étais curieux de visiter ce pays, car j'avais rencontré de nombreux touristes américains à Varanasi, en Inde, qui m'avaient dit que c'était un endroit riche sur le plan matériel, mais pauvre sur le plan spirituel. À mon arrivée sur la côte est des États-Unis avec seulement cent dollars en poche, j'ai traversé le pays en voiture jusqu'à Los Angeles, puis je suis revenu dans le Vermont, prodiguant mes enseignements en cours de route. J'ai rapidement remarqué que les habitants des États-Unis recherchaient avant tout la satisfaction immédiate de leurs désirs ; qu'il s'agisse de nourriture ou d'éveil spirituel !

Certains de mes plus proches élèves m'ont demandé de rester aux États-Unis, et j'ai vécu plusieurs années dans la magnifique région des monts Berkshire, dans le Massachusetts. J'y ai vécu dans un état de semi-retraite, étudiant et contemplant *Les Sept trésors de Longchenpa*, l'ouvrage fondateur de l'un des plus grands maîtres et érudits du Tibet. Ma foi et ma confiance en ces profonds enseignements se sont intensifiées, et j'ai pris la résolution de présenter ces trésors de sagesse sous une forme qui serait accessible au public grandissant des chercheurs occidentaux.

Au cours des années qui ont suivi, j'ai essayé de réaliser le souhait de mes maîtres en partageant ma compréhension des enseignements et des pratiques du bouddhisme avec des élèves venus des quatre coins du monde. Je suis extrêmement heureux d'avoir eu accès à une tradition qui peut nous guider vers un complet épanouissement. Quelle chance d'avoir le temps de se familiariser avec ces enseignements et de les mettre en pratique ! Encore aujourd'hui, les enseignements du Bouddha tombent sur nos têtes tel un doux nectar. Au cours de cette vie-ci, nous pouvons nous éveiller du sommeil de nos illusions et faire l'expérience de la lumière radieuse de notre propre nature.

On dit de ceux qui font continuellement l'expérience des plus hautes et plus riches qualités de leur être qu'ils sont éclairés. Plus nous parvenons à intégrer les richesses essentielles de notre être, plus nous pouvons vivre pleinement. C'est alors que nous pouvons profiter réellement de cette vie précieuse et en célébrer chaque instant. Finalement, il n'y a pas de différence entre le Bouddha et nous. Le Bouddha a actualisé ses qualités éclairées, et nous possédons nous aussi le même potentiel.

La nature éclairée qui existe en chacun de nous est intrinsèquement parfaite depuis toujours. Nous n'avons pas à fabriquer quoi que ce soit, puisqu'elle est déjà parfaite telle qu'elle est. Notre véritable nature brille comme le soleil. Nous devons toujours demeurer conscients de cette luminosité inconditionnelle, même durant les jours les plus sombres.

En cette époque troublée, où règnent les idéologies rigides et la confusion, les enseignements du Bouddha nous ramènent vers la simplicité et la fraîcheur de notre état naturel. Cet état fondamental est la seule chose dont nous devons nous préoccuper. Respirons librement, sans la pression et le stress que nous avons pris l'habitude d'endurer. C'est mon souhait le plus sincère que ces précieux enseignements nous aident à atteindre directement l'essence de notre véritable nature inconditionnelle. En paix avec nous-mêmes et avec le monde, nous pouvons découvrir ce que signifie vivre pleinement chaque instant.

CHAPITRE 1

Vivre pleinement

Liberté naturelle

Que nous en soyons conscients ou non, nous aspirons avant tout à faire l'expérience de la richesse et de la plénitude de notre être à chaque instant. Nous avons tout ce qu'il faut pour vivre pleinement, mais comment reconnaître notre potentiel ? Nous avons tendance à penser que notre épanouissement passe par la satisfaction de nos désirs pour les objets qui nous apportent du plaisir. Toutefois, quand nous nous raccrochons à des sources de plaisir dans l'espoir d'y trouver le bonheur, il nous échappe. Par exemple, une coupe de crème glacée, un film passionnant ou un bon verre de chardonnay peut déformer notre qualité naturelle. Nous pouvons dévorer une tablette de chocolat au complet quand nous nous sentons seuls et mal-aimés. Même si nous apprécions le goût du chocolat et la brève euphorie qu'il procure, ce sentiment de vide et de solitude a tôt fait de revenir. Nous ne faisons pas l'expérience de la pure satisfaction inhérente à chaque instant, et par conséquent, nous nous tournons vers les plaisirs des sens dans l'espoir d'y trouver un soulagement temporaire.

Aux États-Unis, nous sommes fiers de nos libertés et nous nous félicitons des droits dont nous jouissons. Mais nous ne faisons pas toujours le meilleur usage de nos temps libres et des occasions qui s'offrent à nous. Nous avons tendance à penser que ce libre choix est une invitation à satisfaire toutes nos envies. Cela peut nous apporter une certaine satisfaction. Toutefois, la recherche assidue du plaisir n'est pas la vraie façon de profiter de notre liberté.

Nous ne pouvons vraiment apprécier notre liberté qu'à la condition d'apprendre à renoncer. La capacité à renoncer vient d'une approche disciplinée de la vie. Il ne s'agit pas de se soumettre à une autorité supérieure, comme une recrue qui doit saluer un sergent instructeur. Au contraire, renoncer signifie abandonner l'idée de satisfaire tous nos espoirs et toutes nos attentes. Si nous parvenons à abandonner l'idée de fabriquer un monde « parfait », nous jouirons d'une authentique liberté qui ne sera pas corrompue par notre insatiable désir d'avoir quelque chose de mieux. Plus nous sommes convaincus de notre propre potentiel, plus nous sommes prêts à renoncer de façon naturelle. Et nous commençons même à trouver du plaisir dans les endroits les plus inattendus.

L'autodiscipline nous fournit l'espace nécessaire pour renoncer. Elle nous donne confiance en notre richesse intrinsèque. Il ne s'agit pas de s'imposer des règles strictes. Il n'est pas toujours nécessaire de jeûner et de prier tout le jour dans une grotte obscure. La véritable discipline n'est pas une punition, mais une voie sereine vers la connaissance et la compréhension. À défaut de posséder cette formation mentale, notre mode habituel de pensée reprend le dessus et nous emprisonne dans nos vieilles habitudes. Sur le fond, toutes les méthodes de formation spirituelle ne sont que des outils qui nous aident à nous dépasser. Avec de la pratique, nous pouvons développer ces habiletés. Quand nous pratiquons la pleine conscience et affûtons notre attention, nous évitons de tomber dans le piège des routines assommantes et des points de vue étriqués. Nous puisons dans de vastes réserves d'énergie propre et renouvelable. Alors, nous pouvons vivre pleinement en aspirant cette vitalité à pleins poumons.

Protéger et défendre notre image de nous-mêmes sape en nous cette énergie sacrée. Chercher à définir et à légitimer notre identité nous précipite dans les affres de l'anxiété et du stress. À l'inverse, quand nous savons qui nous sommes, nous éprouvons un sentiment de satisfaction. Dans le mouvement de chaque nouvelle inspiration, nous jouissons d'une liberté naturelle. Notre mode de vie discipliné devient une source de détente qui ne demande plus aucun effort, et nous apprécions à quel point il est simple de connaître la paix intérieure et un bonheur durable

Vivre nu

Notre défi le plus urgent est de vivre pleinement. Notre vie ne sera jamais vraiment satisfaisante si nous ne sommes pas capables de vivre chaque instant de façon délibérée et de saisir notre précieuse nature humaine. Nous pouvons temporairement jouir d'une bonne santé et d'un grand confort matériel, mais notre vie s'écoule à toute vitesse, comme les grains de sable d'un sablier. Pis encore, rien ne nous garantit que nous nous réveillerons demain matin !

En gardant tout cela à l'esprit, je vous suggère de respirer à pleins poumons sans plus attendre ! Vivez attentivement comme s'il n'y avait aucun lendemain. Même si les autres pensent que profiter de chaque instant est un peu fou, il n'y a rien de mal à être un peu fou de temps en temps, pourvu de l'être de la bonne façon. Il n'y a pas de raison de toujours se conformer à la norme. Après tout, qu'est-ce qu'une norme ? Qui a inventé ces normes ? Quand vous comprenez clairement la valeur et le caractère éphémère de la vie, vous vivez une vie plus profitable et plus significative. Vous ne dépendez plus des autres pour valider vos décisions.

Vous avez peut-être des amis et une famille qui vous aiment. Mais rappelez-vous que vous êtes venu au monde seul et nu et que vous le quitterez seul et nu. Alors, pourquoi ne pas vivre nu ? Pourquoi ne pas vivre sans masque ni faux-semblant ? Vivre nu signifie vivre chaque instant sous votre forme première et originelle. Quand vous aurez appris à connaître votre moi inconditionnel et que vous ne serez plus restreint par les circonstances, vous verrez que tout est parfait.

La vie n'est pas une répétition. Ne faites pas de compromis pour ce qui est de vivre le moment présent. Ne faites pas de compromis avec votre passé ou votre avenir, avec le vrai et le faux, le bien et le mal. Quand nous adoptons une perspective égoïste, notre esprit est constamment agité par des espoirs et des craintes exagérés. Nous espérons que les choses tourneront pour le mieux ou nous craignons que ce soit l'inverse. Vivre pleinement signifie vivre sans faire de compromis. Ne vous laissez pas corrompre par vos pensées, vos sentiments ou vos émotions. Essayez d'affronter courageusement vos névroses et vos pensées négatives. Si cela vous aide, trouvez un endroit isolé où vous pourrez mettre en pratique les enseignements des êtres éclairés et examiner les mécanismes de votre esprit.

Ceux qui suivent la tradition bouddhiste sont appelés « pratiquants », car ils ne se contentent pas d'accepter les enseignements du Bouddha sans poser de questions ; ils les mettent également en pratique et vérifient leur véracité, comme un joaillier examine un bijou en or pour s'assurer de son authenticité. Un bouddhiste pratique en entraînant son esprit de même qu'un athlète entraîne son corps pour participer à un marathon. Un entraînement régulier vous libérera progressivement de vos pensées malsaines et de vos émotions négatives. La pratique parfaite vous permet de vous libérer instantanément de tout sentiment de confusion, peu importe où vous êtes ou ce que vous êtes en train de faire. C'est la meilleure façon de vivre et la vraie façon de pratiquer le bouddhisme.

La véritable raison de l'être

Le voyage spirituel nous permet de découvrir notre intelligence innée : l'essence de notre être. Quand nous contemplons ce rayonnement intérieur, la souffrance[1] et les ténèbres disparaissent de nos vies. À l'instant même, nous avons l'occasion de dissiper notre ignorance[2] et de jouir d'un mode de vie vraiment sain. Quand nos obscurations[3] sont purifiées, la confusion disparaît. Nous avons pris la forme humaine pour une raison, et c'est pour faire bon usage de notre vie et éviter de nous laisser prendre au piège des royaumes où il n'y a ni lumière ni espoir, et où les occasions sont rares d'utiliser notre intelligence.

Toutefois, il est important qu'une chose soit bien claire : nous sommes tous capables de nous leurrer nous-mêmes. Si nous avons souffert par le passé ou si nous souffrons présentement, ce n'est pas la faute de quelqu'un d'autre; c'est nous qui choisissons de souffrir.

---

1. Dukkha est un mot sanskrit que nous traduisons le plus souvent par « souffrance ». Dans les enseignements bouddhistes, la souffrance a un sens très large. Elle renvoie à toute perturbation de l'esprit, allant du plus subtil sentiment d'anxiété aux cas les plus extrêmes d'agonie et de désespoir.

2. L'ignorance (*ma rigpa*, en tibétain) est une absence de savoir, une incapacité à reconnaître la nature vide et lucide de l'esprit. L'ignorance perçoit le moi et les phénomènes extérieurs comme étant substantiels, indépendants et autosuffisants.

3. Les obscurations masquent la pureté innée de l'esprit. Il existe deux sortes d'obscurations, émotionnelles et cognitives. Les obscurations émotionnelles correspondent à nos attachements, à nos aversions et à notre ignorance. Les obscurations cognitives correspondent à nos concepts figés au sujet de la nature des choses.

Nous pensons être intelligents, mais nous nous berçons d'illusions. Les enseignements du Bouddha nous montrent comment utiliser notre intelligence élémentaire et éviter de nous leurrer. Même si vous passez des années dans une retraite solitaire, récitez des millions de mantras et devenez un grand philanthrope, il se peut que vous vous leurriez quand même. De nos jours, un grand nombre de pratiquants de la voie spirituelle, en Occident et en Orient, prétendent avoir médité pendant plusieurs années et croient avoir atteint une grande réalisation. Toutefois, certains ne semblent pas savoir pourquoi ils méditent ou de quelle façon leur pratique améliore leur qualité de vie. Cela nous indique qu'ils n'ont pas encore saisi la véritable raison de l'être.

C'est une chance pour nous, êtres humains, de posséder les capacités intellectuelles nécessaires pour comprendre le sens de l'éphémère. Nous ne devrions jamais oublier que la vie humaine est transitoire et aussi imprévisible qu'une averse en été. Nous ne savons pas quand notre vie prendra fin, mais il est absolument certain qu'elle aura une fin. Par conséquent, nous devrions nous engager de toute urgence sur une voie spirituelle qui nous aidera à actualiser nos qualités lumineuses et innées. À cette seule condition serons-nous véritablement satisfaits et certains d'avoir rempli notre mission dans la vie. Je crois que c'est la meilleure façon d'aborder nos problèmes quotidiens et d'incarner un authentique mode de vie spirituel.

Satisfaction authentique

Nous essayons souvent d'utiliser des raisonnements et des méthodes traditionnels pour résoudre nos problèmes et trouver satisfaction, mais cette approche ne semble jamais fournir de solution vraiment efficace. Cela ne nous rapprochera-t-il jamais de la joie et de la liberté inconditionnelles auxquelles nous aspirons ?

En Occident, nous sommes libres de faire tout ce que nous voulons et d'acheter tout ce qui nous plaît si nous avons quelques dollars en poche. Nous pouvons accomplir presque n'importe quoi si nous sommes suffisamment débrouillards. Mais placer nos espoirs en des réussites qui sont par nature contingentes et éphémères, c'est un peu comme croire à la réalité d'un mirage. Si notre épanouissement dépend de circonstances contingentes, rien ne pourra jamais étancher notre soif. Tout dans ce monde relatif est contingent. Tout dépend de causes et de conditions instables et constamment changeantes.

Nous nous leurrons quand nous pensons qu'atteindre des objectifs contingents nous apportera une satisfaction durable. Mais nous avons tendance à devenir les victimes de nos propres combines et perdons ainsi un temps précieux. Nous tournons en rond et agissons uniquement pour servir nos propres intérêts.

Mais ne vous méprenez pas : nous devrions être libres de faire ce qui nous plaît. Toutefois, le problème le plus pressant est le suivant : nous devons nous libérer nous-mêmes de notre égocentrisme en réprimant notre orgueil et notre arrogance. Comme des prisonniers qui tentent de se défaire de leurs chaînes, nous devons nous libérer de la confusion et de la négativité qui nous tourmentent. Alors, nous pourrons redécouvrir la beauté de notre état naturel, libéré de tout fardeau et de toute restriction.

Notre véritable nature est une conscience pure et omniprésente. Cette conscience n'a pas de forme, et pourtant, elle reflète et exhibe toutes les apparences. Notre mission dans la vie est de découvrir notre vraie nature et de baigner dans la liberté de l'inconditionnel, au-delà de tout ce qui nous limite. Alors, nous n'oublierons plus jamais qu'à chaque instant, nous avons recours à un don précieux : *notre souffle*. L'inspiration et l'expiration qui marquent notre respiration, d'instant en instant, sont précieuses. Ici, il y a toujours quelque chose de nouveau à découvrir, quelque chose de nouveau qui se révèle. Ici, nous éprouvons une satisfaction authentique. Ne nous appuyons pas inutilement sur les choses extérieures. Rappelons-nous toujours ce qui nous appartient depuis le tout début : la capacité de respirer profondément et de vivre pleinement notre vie.

CHAPITRE 2

La façon intelligente de commencer

Faire le premier pas

La vie est effectivement une occasion précieuse. Si nous aspirons à vivre pleinement, il est important de clarifier nos intentions. Il est préférable avant de commencer une activité d'examiner nos motivations. Avant de partir en voyage, nous avons généralement un objectif en tête. Est-ce un voyage d'affaires ou d'agrément ? Voyageons-nous pour participer à un entretien d'embauche ou pour rendre visite à des amis ? Qu'espérons-nous accomplir ? Espérons-nous passer du bon temps ou sommes-nous nerveux à l'idée de partir en voyage ?

Il est important d'examiner nos motivations, car la pureté de nos intentions donne le ton à tout ce qui suit. Dans notre tradition, nous disons que tout repose sur la pointe d'un souhait. La qualité de nos motivations gouvernera le cours de notre voyage et déterminera nos résultats ultérieurs.

Vous lisez peut-être ce livre parce que vous souhaitez apprendre comment vivre une vie plus heureuse. Si c'est le cas, vous devez sentir que tout le monde aspire à moins souffrir et à mener une vie plus joyeuse. Tout le monde veut être heureux ! Nous retirerons plus de satisfaction de nos activités, quelles qu'elles soient, si nous commençons par exprimer le désir sincère de trouver tous ensemble le bonheur.

Même si certaines périodes de notre vie sont plus heureuses que d'autres, nous sommes rarement à l'abri du stress et de l'anxiété. Tout le monde traverse des épreuves ; tout le monde souffre. Nous sommes tous, au sens strict du terme, victimes des pensées et des émotions qui nous perturbent. Nous avons peut-être tendance à nous apitoyer sur notre sort, mais il est utile de se rappeler que tous les êtres humains sont dans la même situation délicate. Nous sommes tous des compagnons de voyage au cours de ce périple parfois périlleux et difficile. Mais quand nous voyageons ensemble en vue de notre bonheur mutuel, nous pouvons alléger notre fardeau et celui des autres.

Après vous être engagé sur cette voie sublime, votre vie s'en trouvera enrichie, comme une magnifique tapisserie minutieusement tissée de fils d'or. Embrassez tendrement l'univers dans son ensemble et voyez en chaque personne un compagnon de voyage. Nous sommes tous dans le même bateau, et c'est pourquoi nous devrions tous prendre soin les uns des autres de la même façon. Maintenir ce point de vue élevé n'est pas toujours facile, car nous passons beaucoup de temps à nous occuper de nous-mêmes. Entraîner votre esprit afin de penser davantage aux autres élargira vos horizons et attendrira votre cœur. Faire le premier pas avec un cœur rempli de bonté est la façon intelligente de commencer.

Intentions sincères

Pour vivre pleinement notre vie, nous devons tout faire jusqu'au bout. Une activité complète commence par une intention pure. Autrement dit, il nous faut un cœur bienveillant.

Quand nos actions ne sont pas motivées par la bienveillance, nous ne pouvons pas obtenir des résultats parfaits. Quand nos activités n'émanent pas d'un cœur pur, nous n'exploitons pas tout notre potentiel. Nous avons alors l'impression que notre vie est vide et dépourvue de sens. À l'inverse, si nous agissons dans le but d'aider les autres, notre vie prend un nouveau sens et chaque inspiration nous apparaît comme un merveilleux cadeau du ciel. Adopter une attitude positive embellit notre vie, tout comme un bijou précieux embellit la personne qui le porte. Dans la tradition bouddhiste, on utilise souvent la métaphore d'un élixir pour illustrer le pouvoir de transformation d'un cœur bienveillant. Un souhait bienveillant est comme un élixir qui transforme de vulgaires métaux en or précieux.

Quand nos activités ne sont pas guidées par des intentions pures, nous perdons rapidement notre enthousiasme et notre intérêt pour celles-ci. Même si un projet nous semble emballant dans un premier temps, le résultat final est toujours décevant. Par conséquent, avant même de commencer, renforcez votre détermination, purifiez vos intentions et faites appel à votre bon cœur. Vos actions seront le reflet de la vertu et de l'intégrité. Vous ne vous sentirez jamais vaincu ou découragé. Vous éprouverez du respect pour vous-même et les autres, un respect enraciné dans la bonté fondamentale en chacun de nous.

Peu importe ce que vous avez l'intention de faire, prenez le temps de réfléchir avant d'agir. Générez une pensée pure et couvez-la dans votre cœur. Gardez-la toujours à l'esprit. Souhaitez sincèrement que toutes vos interactions avec les autres leur apportent du bonheur en cette vie et au cours de leurs vies à venir, et que cela les amène à éprouver le sentiment de joie inégalable d'un véritable éveil spirituel.

Briser les chaînes de l'amour-propre

Quand nos motivations sont pures, nous pouvons tout faire facilement, comme un aigle porté par le vent qui s'élève sans effort dans le ciel. Quand il nous manque les nobles aspirations d'un cœur compatissant, notre pratique spirituelle ne produit rien de bon, même si nous restons à méditer nuit et jour pendant cent ans. Ce qui compte le plus, ce n'est pas ce que nous faisons, mais la façon dont nous le faisons.

Versez une goutte de poison dans un verre de lait et vous refuserez de le boire. Si vous êtes motivé uniquement par des visées égoïstes, les résultats peuvent s'avérer tout aussi mortels. À l'inverse, si vous souhaitez sincèrement soulager la souffrance et la douleur des autres, votre vie deviendra une source d'épanouissement.

Un avare qui accumule des richesses et qui se fiche complètement des autres se sentira bientôt seul et délaissé. En effet, nous compromettons nos chances de bonheur quand nous accordons trop d'importance à nos propres désirs et intérêts. Se soucier du bien-être des autres est la meilleure façon de développer notre intelligence émotionnelle. Si notre intention première est une noble aspiration à aider le genre humain, notre vie sera non seulement plus joyeuse, mais porteuse de sens. Nous devons donc commencer avec la sublime intention d'atteindre l'éveil spirituel pour le bien de tous. Comme nous le disons dans notre tradition, à commencement sublime, pratique sublime et conclusion sublime.

Une voie spirituelle authentique délie les chaînes de l'amour-propre qui enserrent notre cœur, rétrécissent notre champ de vision et limitent notre horizon. La véritable compassion illumine nos vies et nous aide à guider les autres, tout comme un phare indique une voie sûre aux navires perdus en mer. Évaluez toujours vos intentions en vous demandant : « Est-ce bienveillant ? » Faites de cette approche votre mode de vie.

Une prière quotidienne

Pour exploiter votre plein potentiel et devenir authentiquement libre, ayez de la compassion et de l'affection pour les autres en tout temps. Si vous parvenez à vous libérer de vos pensées et actions égoïstes, vous éprouverez un sentiment naturel d'aisance et d'indépendance.

Notre réussite spirituelle dépend de la pureté de nos intentions. Si votre cœur est pur, votre voie sera pure. Vous aurez l'impression que la vie est trop précieuse pour être gaspillée, et vous n'aurez pas le temps de formuler ne serait-ce qu'un seul commentaire désobligeant. Vous verrez le caractère sacré de toute chose.

Sur la voie bouddhiste, cultiver un cœur compatissant est une pratique essentielle. À votre réveil chaque matin, avant d'avaler votre première gorgée de café, de vous brosser les dents ou de prendre une douche, prenez le temps de réciter cette prière toute simple :

Puissé-je agir avec une intention pure.
Puissé-je abandonner mes habitudes égoïstes.
Puissé-je apporter de la joie et du bonheur aux autres.
Puissé-je les libérer de la douleur et de la souffrance.
Puissé-je avoir un cœur immense et grand ouvert,
Qui embrasse le monde entier.

Le pouvoir de ces aspirations positives vous donnera de l'entrain et un objectif à atteindre durant la journée. Avant de commencer à travailler, de rencontrer vos collègues, de prendre votre déjeuner ou de vous détendre en famille, éveillez en vous un esprit de générosité. Le soir, avant de vous mettre au lit, réfléchissez à votre journée et réjouissez-vous des bonnes intentions que vous avez eues pour les autres. Vous jouirez d'un sommeil réparateur et vous vous réveillerez frais et dispos.

Intelligence innée

Prenez le temps de réfléchir à cet axiome : *Tout le monde veut être heureux, et personne ne veut souffrir.* Pour l'essentiel, nous sommes tous pareils sous ce rapport, que nous soyons amis ou ennemis.

Grâce à notre intelligence, nous pouvons comprendre cette vérité universelle sans avoir besoin d'un dogme religieux pour nous en convaincre. Le bon sens nous dit que tout le monde veut éviter de souffrir et n'espère connaître que le bonheur. Nous cherchons le bonheur de diverses façons ; certains en accumulant des richesses, d'autres en cherchant à se faire plaisir et à se divertir, et d'autres encore en explorant le potentiel libérateur d'une voie spirituelle. Mais pouvons-nous réussir si nous cherchons le bonheur uniquement pour nous-mêmes ? Chercher le bonheur de façon unilatérale ne peut pas nous apporter un sentiment de satisfaction durable. Générer un désir universel de se préoccuper et de s'occuper des autres est une approche intelligente qui promet à tous un épanouissement mutuel. Et comme on dit, cela permet d'aider les autres tout en s'aidant soi-même.

Quand nous cherchons le bonheur, nos actions sont souvent contre-productives et nous finissons par nous faire du tort ainsi qu'à faire du tort aux autres. Nous pouvons mentir à un être cher, couper les ponts avec un ami ou tromper un associé. Même si nous partageons tous un même désir de bonheur, nous cherchons souvent à l'atteindre par des moyens mesquins et intéressés. Si vous vous empiffrez de votre nourriture préférée, vous risquez d'être malade et peut-être ne voudrez-vous plus jamais en manger. Toutefois, si vous faites preuve de bon sens, vous en mangerez avec modération. De même, nous pouvons faire une indigestion d'émotions perturbantes quand nous sommes obnubilés par nos arrière-pensées égocentriques. De même que notre corps peut nous apprendre à ne pas manger exagérément, notre intelligence innée peut nous éviter de nous conduire de façon égoïste. Ayant compris cela, nous agirons de façon plus prudente et plus sensible. Le désir d'aider les autres est le remède parfait contre l'affliction et la souffrance. C'est le souhait par excellence, car il nous permet de surmonter toutes nos pensées nuisibles. Gardez toujours ce souhait en tête et ne l'abandonnez jamais.

Notre aventure est une aventure spirituelle

Au cœur de toute pratique spirituelle se trouve la conviction que nous possédons tous un potentiel illimité en tant qu'êtres humains. Que nous en soyons conscients ou non, l'aventure de notre vie se déroule sous nos yeux. Mais quand nous voyageons en étant pleinement conscients[4], nous faisons véritablement l'expérience du caractère sacré de notre monde.

Plusieurs sont sceptiques à l'idée de devenir des « personnes spirituelles » ; toutefois, la spiritualité n'est pas quelque chose d'étrange ou d'étranger à ce que nous sommes. L'aspect majestueux d'un chêne arrivé à pleine maturité est déjà contenu dans un minuscule gland. La spiritualité est toujours en nous, ce qui veut dire que nous ne sommes jamais indignes de ses bienfaits. De par leur naissance, tous les êtres vivants possèdent le potentiel pour croître de façon illimitée et atteindre la maturité spirituelle. Un être éclairé est un être qui vit et respire tout comme vous !

Notre aventure est une aventure spirituelle, et celle-ci peut satisfaire nos plus profondes aspirations. Nous vivons pour atteindre notre plein potentiel. Nous ne devrions jamais douter, ne serait-ce qu'un instant, de notre capacité à connaître l'éveil spirituel.

4. La pleine conscience consiste à porter attention aux activités du corps, de la parole et de l'esprit, en se concentrant sur celles-ci.

Les maîtres spirituels n'ont pas le monopole de la compassion. Au contraire, chaque individu possède en lui une bonté fondamentale et la capacité d'aimer et d'être bienveillant. Faire l'expérience de la plus haute qualité de notre être nous revient de naissance. Nous avons entrepris en naissant un voyage spirituel vers le cœur de notre essence suprême, vers un état d'éveil spirituel complet.

CHAPITRE 3

Les qualités que nous cultivons

Honnêteté

Dans la pratique bouddhiste, l'honnêteté est une vertu essentielle. Vous ne pouvez pas être complètement honnête avec les autres à moins d'être prêt à vous examiner honnêtement. Quand vous êtes honnête avec vous-même, vous comprenez ce qu'il faut faire pour être doux, bon et affectueux. Pourquoi ? Commençons par examiner la nature contingente du monde qui nous entoure.

Tous les phénomènes contingents sont sujets au changement, car leurs composantes et leurs caractéristiques ne sont pas permanentes. Cela comprend le soi-disant moi. D'un point de vue non éclairé, l'ego ou le « moi » est, croit-on, ce qui existe en tant qu'entité indépendante et distincte, à l'abri du changement. L'idée d'un moi est simplement attribuée à un continuum incessant de pensées, d'émotions et de perceptions. Un examen attentif du moi révèle qu'il s'agit uniquement d'une construction mentale erronée. Si nous examinons ce moi de fond en comble, nous découvrons qu'il est temporaire et qu'il n'existe pas de façon substantielle. Néanmoins, nous avons du mal à l'accepter. Le moi proclame sans cesse qu'il est une entité distincte, séparée du reste de l'univers, comme un enfant turbulent qui cherche à attirer l'attention. Le moi égocentrique veut déclarer son indépendance ; continuellement réinterpréter ou nier la réalité. Autrement dit, le moi a ses propres objectifs.

Le moi semble avoir de l'ambition ; il veut perfectionner et améliorer les choses. Il voit un espace vert et imagine une maison. Il construit une maison, mais cela ne le satisfait pas. Le moi a soudainement l'impression que la maison n'est pas à la hauteur de ses attentes. Il faudrait un placard de plain-pied pour ses chaussures, un réfrigérateur Sub-Zero et un garage pouvant abriter six voitures. La maison est trop proche de celle du voisin ou trop loin du lac. Les pièces sont trop petites. La cuisine trop sombre. Ce désir d'améliorer les choses se manifeste de plusieurs façons, mais derrière ce désir se cache toujours une même absence d'honnêteté.

La véritable honnêteté consiste à voir la réalité telle qu'elle est et non à lutter pour la transformer. Évidemment, ce n'est pas facile à faire. C'est même contre-intuitif. Depuis notre naissance, on nous a appris à diviser le monde entre « moi » et « tout le reste », en nous encourageant à poursuivre ce qui est profitable au « moi » et à laisser « tout le reste » se débrouiller par lui-même.

Que nous a apporté cette façon de penser ? Ce déni constant de la réalité demande beaucoup d'énergie, mais c'est un combat perdu d'avance qui mène nécessairement à l'échec. Cela a quelque chose de contre nature. Penser ainsi ne peut pas nous rendre heureux, car la réalité refuse obstinément de collaborer avec nous, de corroborer nos croyances au sujet de la division entre le moi et les autres. Quand nous obtenons finalement les choses que nous désirons, nous avons peur de les perdre, et cela nous rend anxieux. Nous éprouvons un sentiment de tristesse et de frustration quand nous constatons que nous sommes incapables d'obliger le monde à se conformer à nos espoirs et à nos attentes. Et au moment de quitter ce monde, nous devons finalement affronter le mensonge de notre ego et la vérité de notre caractère éphémère.

Vivre honnêtement signifie vivre sans le soutien d'idées préfabriquées, artificielles et irresponsables. Vivre honnêtement signifie vivre simplement. L'aboutissement d'une vie honnête est une vie libre de toute préoccupation frivole. Si vous simplifiez votre vie, vous ne dépendrez plus de stimuli extérieurs. Vous pourrez être libre et détendu, comme une hirondelle portée par le vent.

La véritable honnêteté signifie également faire complètement l'expérience de chaque instant. Quand vous êtes malhonnête, vous ratez une occasion de vivre le moment présent, car vous êtes perdu dans vos pensées au sujet du passé ou de l'avenir. Par conséquent, vous ratez une occasion de profiter du seul instant qui est complet. En négligeant de porter attention à cet instant, vous laissez passer la chance de vous intégrer à l'énergie du présent. Quand nous ignorons le moment présent, cela n'est pas sans conséquence : nous créons du karma et de la souffrance. Si nous vivons dans le présent que la moitié du temps, l'autre moitié nous causera plus tard des ennuis.

Dans notre tradition, quand nous disons « Soyez pleinement conscient », cela implique que ce moment est plus profond que tout ce qu'il y a d'autre sur terre. Votre nature innée est pure et parfaite ; par conséquent, l'énergie émanant de cette essence est entièrement valide et chaque moment de votre vie est entièrement valide. Que vous soyez en train de songer à votre père, d'écouter un voilier d'oies volant au-dessus de votre tête ou de vous ronger les sangs parce que vous devrez bientôt remplir votre déclaration d'impôts, chacun de ces moments n'est rien de plus que de l'énergie émanant du noyau de votre être.

Si, par exemple, vous éprouvez de la jalousie, ne rejetez pas ce sentiment de jalousie ou n'essayez pas d'y échapper. Soyez parfaitement conscient de votre jalousie, sachant que ce sentiment n'est que de l'énergie. Cette énergie est tout autant « vous » que toutes les autres énergies qui émanent de « vous ». Parce que cette énergie « jalouse » est légitime, vous devez la respecter. Vous ne devez ni l'ignorer, ni élaborer de théories à son sujet, ni la rejeter. Vous devez simplement lui accorder toute votre attention.

Quand vous lui accordez toute votre attention, l'énergie ne demandera rien de plus. Elle sera complète, car vous y aurez porté une attention pleine et entière. Cela ne gâchera pas votre journée et ne reviendra pas vous hanter le lendemain. Une fois que vous en aurez complètement fait l'expérience, l'énergie suivra simplement son cours.

L'énergie de la jalousie n'est pas différente de l'énergie associée au plaisir de manger, à la piqûre d'une aiguille ou au son de la musique venant d'une voiture qui passe. Ce sont autant d'expressions de la pure énergie émanant d'un continuum sans limites. La pratique de la véritable honnêteté consiste donc à faire pleinement l'expérience de ce déploiement continuel d'énergie.

Nos pensées et nos émotions sont pareilles à un serpent dont le corps formerait un nœud. Si nous respectons le serpent et tenons compte de son extraordinaire flexibilité, nous serons sûrs qu'il parviendra à se sortir de ce mauvais pas. La façon la plus habile d'être consiste à demeurer complètement présent et conscient du moment. Alors, le serpent se dénouera de lui-même de façon naturelle !

La malhonnêteté nous rend égoïstes et nous empêche de vivre pleinement. Quand nous ne sommes pas honnêtes envers la réalité du moment présent, nous devenons inquiets : « Si je fais cela, que vais-je en retirer ? Que m'arrivera-t-il ? » Le « moi » devient plus important que le moment, comme des bruits parasites qui étouffent un message diffusé à la radio.

La pratique de la véritable honnêteté consiste à laisser le moment prendre le dessus. Pour ce faire, vous devez accorder votre confiance au Bouddha en vous. Quand vous aurez trouvé le Bouddha en vous, tout deviendra pour vous motif à célébrer. Vous verrez en toute chose une expression de votre nature éveillée. La joie est une expression du Bouddha intérieur. La tristesse est aussi une expression du Bouddha intérieur. Tout est une expression du Bouddha intérieur, donc tout est votre création. Quand vous verrez la réalité sous cet angle, vous n'aurez plus de raison d'être malhonnête. Vous ne sentirez plus le besoin de vous battre ou de changer les choses. Vous accepterez et embrasserez les choses telles qu'elles sont.

Peut-être vous demandez-vous : « Cela ne nous condamne-t-il pas à vivre passivement ? Si tout est déjà parfait, ne devrions-nous pas nous asseoir confortablement et regarder la vie défiler sous nos yeux ? » En réalité, ce n'est pas le cas. Être honnête signifie simplement voir les choses telles qu'elles sont vraiment. Nos actions s'appuient alors sur une vision claire des choses plutôt que sur des illusions ou des vœux pieux. Et nous nous comportons, en retour, de façon naturellement honnête.

Quand nous roulons sur une autoroute durant l'été, nous voyons des vagues de chaleur chatoyer à la surface du bitume. Ces vagues de chaleur ont-elles une quelconque utilité ? Elles ne font qu'obscurcir ce qu'il y a devant nous. On peut comparer ces vagues de chaleur à une attitude malhonnête. Lorsqu'elles se dissipent, nous voyons la route plus clairement ; nous voyons toute sa beauté et tous ses dangers. De même, plus nous sommes honnêtes, plus nous vivons pleinement notre vie. En voyant la réalité telle qu'elle est — sans la juger, la catégoriser ou essayer de la changer —, nous répondons aux exigences de la vie de façon plus compétente. Nous sommes ouverts aux joies de la vie et aux moments de tristesse de la vie. Nous sommes ouverts à toutes les expériences.

Qu'y a-t-il d'intimidant à voir les choses telles qu'elles sont ? Ce qui est vraiment terrifiant, c'est de nier la vérité, car nous aurons beau la nier du matin au soir, cela ne changera jamais la réalité. Refuser d'accepter la vérité, c'est un peu comme vouloir franchir un ravin en sautant les yeux fermés. Nous pouvons nier la réalité, mais cela ne changera pas la nature du ravin. Mieux vaut ouvrir les yeux et regarder en face la situation telle qu'elle se présente. Ensuite, nous pourrons procéder en toute connaissance de cause et accepter la responsabilité du résultat final.

Ici, nous voyons la naissance d'une intelligence entière, d'une sagesse qui nous libère du poids de toutes les conséquences. Voilà ce dont nous avons besoin pour vivre courageusement. On ne devient pas courageux en croyant que l'on sera toujours à l'abri des conflits ou du danger. Le véritable courage vient de la conviction que nous ne nous mentirons jamais à nous-mêmes. Que nous ne refuserons jamais d'affronter ne serait-ce qu'un seul instant de notre vie. Que nous serons toujours pleinement présents à chaque instant et toujours prêts à accepter les conséquences, quelles qu'elles soient.

Au début de notre voyage, ce genre d'honnêteté est en partie le résultat d'un acte de la volonté. Évitez donc de vous justifier et de vous leurrer sciemment. Regardez chaque situation bien en face et demandez-vous s'il est possible que vous soyez en train de vous mentir. Plus important encore, l'honnêteté est le sous-produit d'une pratique de la méditation disciplinée et énergique. La méditation nous aide à y voir clair ; par conséquent, l'honnêteté se développe naturellement en nous, sans que nous en ayons l'intention. Vous engager à être honnête — même si cela peut sembler exigeant et difficile dans un premier temps — est en fait la seule façon de profiter pleinement de votre vie et d'être authentiquement vous-même.

Sincérité

Agissez toujours avec sincérité. Ressentez sincèrement ce que vous ressentez. Voyez sincèrement ce que vous voyez. Exprimez sincèrement qui vous êtes. Faites sincèrement l'expérience de ce que vous avez envie de vivre. Regardez les autres avec sincérité. Soyez sincèrement curieux. Il n'y a rien de mal à cela. Peu importe ce que vous faites, faites-le avec sincérité.

Quand une jeune enfant vous regarde, son regard porte toujours la marque de la sincérité. Même si elle vous regarde attentivement, vous n'avez pas l'impression qu'elle vous juge. Vous comprenez qu'elle est simplement curieuse. Elle est pleinement présente, en train de vous regarder. Elle voit tous vos défauts, mais cela ne vous gêne pas. Vous savez qu'elle ne se soucie pas de la taille de votre nez, de la forme de votre corps ou du style de votre robe. Vous êtes disposé à être vous-même parce qu'elle vous regarde avec sincérité.

La sincérité est l'une des choses les plus précieuses dans la vie, car elle engendre de l'innocence. Quand vous voyez le monde avec les yeux de l'innocence, tout vous paraît neuf. Vous appréciez et goûtez tout ce que vous rencontrez. Quand vous prenez un plaisir innocent aux choses, vos actions n'ont pas de conséquences fâcheuses qui pourraient revenir vous hanter plus tard.

Comment retrouver cette innocence? Vous ne pouvez pas la simuler. Les gens douteront de vos intentions et ne vous feront jamais confiance. L'innocence parfaite vient de façon naturelle, mais uniquement lorsque vous goûtez la richesse de la vie. Quand vous sentirez que chaque respiration est précieuse, vous ne vous laisserez pas distraire par des promesses de richesses ou de plaisirs sensuels. Vous serez captivé par tout ce qu'il y a de beau et de merveilleux juste sous votre nez. Vous n'aurez plus jamais l'impression d'être dépassé par les événements et vous ne vous sentirez plus jamais intimidé.

En cette vie même, nous tenons entre nos mains un précieux joyau que nous ne devons échanger contre rien au monde. Ce dont nous avons besoin, c'est d'être sincèrement convaincus que cette vie vaut vraiment la peine d'être vécue. Cette conviction, selon moi, nous amène à ressentir de la compassion et de l'amour pour tous les êtres vivants. On ne peut pas aimer faussement. Quand nous aimons les autres et apprécions leurs qualités, nous éprouvons un véritable sentiment de satisfaction sans rien attendre en retour.

Aimer les autres sans rien attendre en retour est la preuve d'un amour sincère. Si vous espérez une récompense, ce n'est pas agir innocemment. Si vous avez des intentions cachées, votre amour n'est pas sincère ; il n'a aucune réalité. C'est un amour fabriqué et contraint. Et par conséquent, il est faux.

Ce n'est pas ce que vous faites qui compte, mais le fait de le faire sincèrement. Vous retirerez des bienfaits d'une voie spirituelle si vous êtes sincère. Peu importe ce que vous faites, vous y prendrez plaisir ; telle est la promesse du Bouddha. Votre mode de vie deviendra plus naturel, plus détendu. Et une fois que tout sera arrangé et que vous serez calme, il n'y aura plus dans votre vie que lumière et clarté, bonheur et fraîcheur.

Respect

Quand nous découvrons notre vraie nature, nous nous rendons compte que nous sommes fondamentalement bons et que nous n'avons rien à cacher aux autres. Quand nous comprenons qu'il n'y a pas de moi distinct et permanent à défendre et à protéger, nous pouvons aborder les tours et détours de la vie avec grâce et élégance. Car moins nous nous soucions de nous-mêmes, plus nos relations avec les autres deviennent saines, ouvertes et vivantes. En fin de compte, la possibilité d'entretenir de saines relations avec les autres repose sur la découverte de notre sagesse naturelle et innée. La sagesse est une conscience claire et brute, naturellement présente de façon innée en nous tous, même quand elle est obscurcie. Quand nous découvrons notre nature Bouddha — notre véritable essence —, nous éprouvons un profond sentiment d'estime et de reconnaissance envers tous les êtres. Même quand les autres n'ont pas actualisé leur véritable nature, nous pouvons voir en eux ce potentiel, comme un professeur perçoit les aptitudes latentes d'un élève en difficulté.

Chaque personne que nous rencontrons devient pour nous un maître, un guide et une source d'inspiration. Nous trouvons toujours chez les autres des traces de sagesse et de probité, et nous sommes parfois surpris de découvrir que tout le monde a quelque chose à offrir. Chaque nouvelle rencontre devient une occasion d'apprendre quelque chose de nouveau, et cela enrichit nos vies. Nous pouvons vivre en harmonie avec les autres tout en poursuivant nos objectifs.

Extérieurement, les gens se comportent de façon utile ou nuisible. Essayez de ne pas faire une fixation sur leurs actions positives ou négatives ; ne vous arrêtez pas aux apparences et sachez que leur nature fondamentale est pure. Ne critiquez pas et n'accusez pas les autres, car vos amis pourraient devenir vos ennemis. Quand nous en voulons à un ami en raison de ce qu'il nous a dit la veille, c'est nous qui commettons une erreur. Nous pensons que notre ami est la même personne aujourd'hui que celle qu'il était hier. Quand notre perception est pure, nous pouvons poser sur notre ami un regard neuf et impartial. Quand nous ressassons le passé, nous projetons une ombre sur le potentiel radieux de chaque instant.

Normalement, nous préférons la compagnie de nos amis et repoussons ceux qui nous maltraitent. En nous concentrant sur les qualités de nos amis, nous les favorisons et posons sur eux un regard biaisé. Nous ignorons les inconnus et ressentons de l'hostilité envers nos ennemis. Toutefois, nos amis deviennent souvent des ennemis et nos ennemis deviennent des amis. Nous devrions réfléchir davantage à ce qui pousse les gens à agir comme ils le font et réagir avec patience et compréhension.

Nos meilleurs amis ne sont pas toujours sincères. Ils peuvent nous abreuver de louanges et de compliments, et nous devenons suffisants et complaisants. Nous avons beaucoup à apprendre de ceux qui sont francs et directs. Quand quelqu'un se montre hostile envers nous, c'est une occasion pour nous d'exercer notre patience et de faire preuve de longanimité. Il est sage de ne pas trop s'attacher à nos amis et de ne pas mépriser exagérément nos ennemis. La meilleure approche consiste à traiter tout le monde de la même façon, sans parti pris, et de respecter tout le monde.

Générosité

Donner de bon cœur à ceux qui sont dans le besoin est une marque de générosité. Toutefois, si celui qui donne est attaché à celui qui reçoit ou si celui qui reçoit est attaché à celui qui donne, ou si l'un ou l'autre est attaché à l'idée même de donner, ce n'est pas de la pure générosité. Tant qu'on se raccroche à l'idée d'un donneur et d'un receveur, l'acte de donner est contaminé par un attachement à la dualité, comme un magnifique travail de calligraphie par une petite tache d'encre. La véritable générosité n'est jamais contaminée par cette façon de penser dualiste, par l'idée erronée qu'il existe un « moi » substantiel et un « autre » substantiel. Si vous donnez de cette façon, c'est un bienfait pour celui qui reçoit, mais vous ne ferez jamais l'expérience de la pure joie qui découle d'un don débarrassé d'un « moi » et d'un « toi ». La véritable générosité peut mener au seuil de l'éveil spirituel, car elle s'appuie sur le fait qu'il n'y a rien à quoi se raccrocher, qu'il n'existe pas vraiment de donneur et de receveur. L'acte de donner est alors parfaitement authentique, et « celui » qui donne ne s'attend pas à recevoir de remerciements ou de récompense en retour.

Vous pouvez être généreux quand vous reconnaissez la légitimité de chacune de vos pensées à mesure qu'elles surgissent. Quand vous vivez le moment présent, vous faites clairement l'expérience de l'essence de chaque pensée. N'ignorez aucune de ces pensées. Si vous êtes attentif et conscient de chaque pensée, aucune pensée dualiste ne pourra prendre racine en vous. Vous croyez peut-être que votre « moi » est plus valide que tout le reste, mais ce « moi » n'est pas plus légitime que « toi ». « Mien » n'est pas plus légitime que « tien ». Un mode de pensée dualiste crée l'illusion d'une division, une illusion qui disparaît quand nous vivons vraiment le moment présent.

À un tel niveau d'attention, vous pouvez voler comme le mythique *garuda*, qui peut s'envoler dans le ciel dès qu'il sort de l'œuf. Le *garuda* symbolise la véritable liberté et la nature sans obstacle de la sagesse éclairée. Être généreux, c'est être totalement libre, n'être lié par aucune pensée ou perception. Dans cet état d'esprit d'ouverture, imaginez que vous êtes en train de boire une tasse de thé. « Vous » n'êtes pas en train de boire du thé. Le goût du thé n'est pas « vôtre ». Le thé n'est pas du « thé » ! Ce ne sont que des étiquettes. Quand celui qui perçoit et ce qui est perçu ne sont pas séparés, il ne reste qu'un sentiment de bonheur. Supposons que vous vivez une relation amoureuse passionnée, sans être contraint par des espoirs ou des attentes. Rien ne vous retient ; vous êtes totalement plongé dans le moment présent. Imaginez le sentiment de liberté et de bonheur que vous ressentiriez ! Telle est l'expression de la véritable générosité.

Prendre soin de soi-même est aussi une expression de générosité. Si vous comprenez à quel point la vie est précieuse, vous prendrez le temps de vous détendre et d'apprécier le monde qui vous entoure. Votre propre souffle, comme la brise rafraîchissante d'un soir d'été, deviendra pour vous une source de réconfort. Vous êtes vraiment votre propre ami quand vous pouvez vous libérer de ce qui vous stresse. Quand vous faites des erreurs, vous pouvez vous pardonner. Si vous renversez du café sur votre chemise, vous n'avez pas à vous sentir embarrassé. Vous commettrez des erreurs. Vous connaîtrez des échecs. L'échec ne doit pas être perçu comme quelque chose de mal. En fin de compte, personne n'échoue vraiment, car notre vraie nature est intrinsèquement bonne.

Simplicité

Nous ne pouvons pas vivre pleinement si nous cherchons tout le temps à nous faire plaisir, à satisfaire le moindre de nos caprices et de nos désirs. Les vrais adeptes de la voie bouddhiste sont conscients de la futilité d'une telle complaisance et du besoin insensé de se distraire constamment. Ils se satisfont de peu, car ils comprennent la vraie valeur de la vie. Ils savent que plus ils posséderont de choses, plus ils en voudront d'autres. Les grands maîtres de cette tradition étaient des personnes intelligentes qui auraient pu accumuler de grandes richesses si elles l'avaient voulu, mais elles ont plutôt choisi de vivre simplement et de suivre une voie vraiment digne de leur temps et de leur attention.

Dans notre tradition, les grands maîtres ont refusé le monde des gains personnels et la course au statut social pour vivre de façon insouciante. Ils étaient motivés par la conviction que rien ne possède de valeur durable dans le monde matériel. En se tenant à l'écart, ils étaient libres d'explorer leur esprit et d'éprouver leur caractère. Ils ne se laissaient pas entraîner par leurs pensées et leurs émotions. Ils ne patinaient pas sur la mince glace de l'ego et ne sont donc jamais tombés dans l'eau glacée. C'est ainsi qu'ils sont parvenus à devenir maîtres de leur esprit et de leur énergie.

Nous avons tendance à devenir les esclaves de nos pensées et de nos émotions. Nous disons « mon » partenaire, « mes » désirs,

« mes » espoirs, « mon » bonheur. Nous sommes prisonniers d'une prison que nous avons nous-mêmes construite. Nous nous fions trop au monde extérieur pour être heureux et nous épanouir. Cette dépendance nous affaiblit. Pour être forts, nous devons être prêts à nous confronter en regardant à l'intérieur de nous-mêmes.

Tout le monde ne peut pas imiter les grands maîtres et vivre dans une grotte isolée à flanc de montagne. Toutefois, nous pouvons nous efforcer de vivre librement et au jour le jour. Déterminez ce dont vous avez vraiment besoin. Vous découvririez peut-être que vous pouvez vivre confortablement et de façon satisfaisante avec beaucoup moins que vous ne le pensiez. Purifiez-vous de vos attachements aux biens matériels, et veillez à ne pas vous laisser accaparer par des choses sans importance.

Un jour à la fois, voyez si vous pouvez vivre sans vous laisser dominer par la colère, l'attachement, la jalousie ou l'orgueil. Si vous parvenez à demeurer satisfait, vous pourrez facilement trouver la paix et le calme. Donnez-vous le temps de respirer et d'apprécier votre vie. Quand vous vivrez simplement et que vous aurez le temps, posez-vous ces questions profondes : *Pourquoi suis-je ici ? Quelle est ma raison d'être ? Tout cela a-t-il un sens ?*

Si vous êtes satisfait de vous-mêmes et capable de maîtriser votre esprit, c'est tout ce dont vous avez besoin. Nous sommes confrontés à un courant incessant de pensées et d'émotions, mais nous pouvons les traiter de façon adéquate, en demeurant toujours vigilants. C'est suffisant pour nous garder occupés.

Nous tentons de séduire des personnes qui ne nous aiment pas ou de devancer nos collègues pour avoir une promotion. Nous nous entourons d'amis et d'êtres chers dans l'espoir qu'ils nous apporteront réconfort et sécurité. Nous passons le plus clair de notre temps à chercher la paix et le bonheur à l'extérieur de notre esprit et de notre cœur. C'est la source de nos problèmes et la cause de notre insatisfaction. Si vous êtes maître de votre esprit et capable de gérer votre vie, c'est amplement suffisant. Vous avez réussi dans la vie.

Ouverture

La compassion est essentiellement ouverte, vaste et inclusive. Pour avoir de la compassion, il ne suffit pas de ressentir de l'empathie et de faire de bonnes actions. Évidemment, nous devrions tous aspirer à aider les autres, mais nous pouvons faire preuve de compassion de façons plus importantes et plus profondes. Tant que nous n'avons pas vécu un éveil spirituel, nous sommes limités dans notre capacité à aider les autres, malgré les progrès que nous avons pu faire durant notre voyage spirituel. Si nous ne sommes pas encore éveillés, tout ce que nous faisons est limité d'une façon ou d'une autre, y compris l'expression de notre compassion.

Témoigner de la compassion aux autres aiguise progressivement notre intelligence, nous ouvre l'esprit et élargit nos horizons. Nous devrions toujours être prêts à accueillir de nouvelles idées et à vivre de nouvelles expériences. Si nous voulons trouver un bonheur durable et être utiles aux autres, nous devons enlever nos œillères. Nous devrions examiner et remettre en question nos préconceptions et avoir l'audace d'explorer de nouveaux territoires. Il ne faut pas discriminer. Une approche sélective limite notre point de vue et nous fait rater des occasions uniques de nous poser des questions authentiques et de vivre des prises de conscience profondes.

Il est de notre responsabilité d'être ouverts et sensibles à toutes les situations. Si nous sentons que nous avons tendance à nous refermer sur nous-mêmes, nous pouvons nous détendre et revenir à notre respiration. Nous devrions réfléchir et déterminer pourquoi nous hésitons, pourquoi nous nous retenons d'agir; pourquoi nous sommes prêts à plonger dans la vie, pour ensuite reculer au dernier moment. Nous devrions être impatients d'apprendre de chaque rencontre et de chaque défi, car tout a un sens dans la vie. Rien n'est sans conséquence. Chaque moment est unique et important. Chérissons chacun de ces moments et vivons le plus pleinement possible.

Confiance

Au début de notre parcours, le bouddhisme nous enseigne la valeur suprême de la vie humaine. Au cours de notre voyage, nous sommes encouragés à saisir cette précieuse occasion avec joie même si cela demande un effort. Arrivés à destination, nous nous épanouissons en nous adonnant à des activités éclairées qui profitent aux autres. Le véritable accomplissement du Bouddha est la prise de conscience que toute vie humaine est précieuse. Ses enseignements nous montrent comment retirer le maximum de notre vie ; comment reconnaître et actualiser ce don inestimable.

Quand vous êtes convaincu que la vie est précieuse, vous faites entièrement confiance au moment présent. Le contexte de chaque nouvelle situation vous apparaît clairement, donc vous êtes toujours en mesure de vous frayer un chemin avec habileté. Chaque respiration vous apporte un sentiment de satisfaction et renforce votre détermination, de sorte que vous n'avez plus aucun objectif à atteindre. Si vous ne pouvez pas vous détendre en vous laissant bercer par le doux mouvement de la respiration, vous êtes perdu. Privé de ce sentiment de complétude, vous vous sentez indigent et inquiet. Il y a tant de choses que vous voulez acquérir et accomplir. Vous mourez d'envie d'acheter une plus grosse maison, des vêtements plus à la mode et une voiture plus rapide. Vous vous sentez gauche et mal à l'aise, car vous vous êtes éloigné de votre façon d'être naturelle. Vous perpétuez un cycle d'autojustification dont vous ne pouvez plus sortir.

Quand vous serez vraiment intégré au mouvement de votre respiration, vous saurez que tous les êtres vivants ont reçu ce même don précieux. Vous aurez confiance en votre propre bonté et en la décence élémentaire des autres. Cette conviction et cette confiance amèneront ceux qui vous entourent à ralentir et à se détendre, et à vivre leur vie de façon plus entière.

CHAPITRE 4

Ce moment précieux

Être présent à sa respiration

Pouvons-nous vraiment apprécier pleinement la valeur intrinsèque de notre vie humaine et la chance inestimable d'être en vie ? Pourquoi sommes-nous insatisfaits et ressentons-nous le besoin de poursuivre des objectifs tangibles et d'accumuler autant de biens matériels ? Si nous ne pouvons pas nous détendre en suivant le mouvement de notre respiration et apprécier le fait d'exister, nous nous sentirons obligés de chercher ailleurs et d'acquérir quelque chose de plus.

Vous avez peut-être une famille, un travail et d'autres soucis légitimes. Ces choses sont importantes, mais nous devons nous rappeler que ces activités devraient nous aider à nous libérer, et non nous enchaîner. Quand nous sommes conscients que notre être est précieux, rien ne peut nous contraindre ou nous accabler. Rien ne sera plus important à nos yeux que la liberté de respirer. Rien ne nous rendra plus heureux que d'être présents à notre respiration et *de vivre pleinement le moment présent*. C'est ce qu'on appelle être éveillé.

Connaître des centaines de textes sacrés par cœur, ce n'est pas être éveillé. Être éveillé, c'est vivre de façon inconditionnelle en profitant de chaque instant de votre vie de façon significative. C'est légitimer chacune de vos respirations. Une fois que vous l'avez compris, vous devenez l'héritier de la réalisation du Bouddha.

Être éveillé à chaque instant est la clé. Pour vous détendre dans le mouvement de votre respiration, vous n'avez qu'à vous arrêter régulièrement durant la journée pour vous délecter du miracle de votre propre souffle, apprécier sa vitalité, célébrer le moment présent sans ajouter ou retrancher quoi que ce soit. Vivre pleinement le moment présent n'est pas plus compliqué que cela.

Coupés de cet éveil attentif, nous pouvons facilement nous laisser emporter par nos émotions. Nous posons des gestes regrettables tandis que nous nous efforçons de protéger et de renforcer notre sentiment d'être à part des autres. Nous nous détournons de notre essence et nous nous sentons faibles et inutiles. Nous oublions que nous possédons cette nature éveillée, un bijou capable de réaliser tous nos souhaits[5]. Si nous pouvons vivre pleinement, en profitant de la richesse et de la beauté de la vie, nous n'aurons pas de regrets, même au moment de notre mort. Chaque respiration, même la dernière, sera complète.

5. Selon la mythologie indienne, il existerait un bijou capable de réaliser les souhaits de celui qui le possède. Ce bijou représente notre nature éveillée et notre capacité à faire du bien, à nous-mêmes et aux autres.

Précieuse naissance humaine

Nous ne pouvons pas mettre un prix sur la vie humaine, ce que nous avons de plus précieux. En tant qu'êtres humains, nous pouvons penser et sentir plus profondément que tous les autres êtres vivants. Nous aspirons à vivre une vie gratifiante, et nous nous sentons incomplets et vides quand nous n'y arrivons pas.

Dans le cours d'une journée, combien de fois sommes-nous conscients du fait que nous respirons ? Dans tous les hôpitaux du monde, des personnes sont au seuil de la mort et luttent pour respirer. Des millions de personnes n'ont rien à manger et meurent d'inanition. D'autres sont les victimes impuissantes de tremblements de terre, de typhons et d'inondations. La guerre et les conflits sociaux gangrènent nos sociétés, laissant des dizaines de milliers de personnes dans d'atroces souffrances. Combien de fois par jour nous disons-nous : « Je suis heureux de pouvoir respirer aujourd'hui » ? Si nous pensons de cette façon, nous nous sentirons riches, peu importe l'épaisseur de notre portefeuille, les trophées dans notre vitrine ou les bijoux dans notre coffre-fort. Rappelez-vous que viendra un jour, dans un avenir pas si lointain, où nous pousserons notre dernier soupir, comme une rivière dont la source est tarie. Alors, respirons pleinement tandis que nous en avons la chance.

Combien de fois par jour sommes-nous conscients de nos facultés naturelles, de ces dons miraculeux que nous considérons normalement comme allant de soi ? La plupart d'entre nous avons le bonheur de pouvoir voir, entendre, sentir et raisonner. Quelle chance ! La plupart d'entre nous sont venus au monde avec deux mains et dix doigts. Cela peut sembler fort simple, mais à moins de réfléchir en suivant cette pente, nous n'apprécierons pas le fait que ces mains puissent faire la cuisine, écrire, toucher et se tendre vers les autres ; nous pouvons même oublier que nous avons ces mains extraordinaires !

La terre compte sept milliards d'habitants. Combien ont perdu l'usage de leurs oreilles ou de leurs yeux ? Combien ne verront jamais un coucher de soleil ou n'entendront jamais le chant du rossignol ? Combien souffrent d'un handicap intellectuel et ne peuvent tirer profit d'un enseignement spirituel ? Combien deviennent désillusionnés et cyniques après avoir réussi sur le plan matériel ? Combien vivent dans des palais, errant de pièce en pièce, d'une année à l'autre, sans y trouver la moindre satisfaction ? Pensez au nombre écrasant de personnes qui n'ont jamais entendu les paroles des maîtres éclairés et qui n'ont aucun guide spirituel fiable ?

En gardant tout cela à l'esprit, de même que les autres exemples que vous pourrez trouver, réfléchissez au caractère précieux de la vie. Rappelez-vous que vous respirez à chaque instant qui passe, et qu'il n'y a rien de plus précieux. Quand vous oubliez à quel point il est précieux de pouvoir respirer, il y a peu de chance que vous puissiez exploiter votre plein potentiel. Nous ne pouvons pas vivre pleinement notre vie quand nous considérons comme normal le renouvellement de ce miracle. Ne pas apprécier la vie qui palpite dans notre corps est le signe que notre esprit est la proie de distractions et s'éloigne de plus en plus du moment présent. Cela engendre de la confusion et un sentiment d'insatisfaction. Nous pouvons faire l'expérience du véritable contentement uniquement si nous sommes *pleinement présents à nous-mêmes.*

Pensez aux différentes raisons pour lesquelles cette vie est intrinsèquement riche et précieuse. Nous devons réfléchir aux libertés et aux avantages propres à la vie humaine. Vous deviendrez ainsi plus intelligent et plus alerte. À mesure que vous acquerrez de nouvelles connaissances, vous rencontrerez de moins en moins d'obstacles et de bouleversements, et tout vous paraîtra plus facile. Quand vous apprécierez vraiment votre propre vie, votre passion et votre joie de vivre deviendront une source d'inspiration pour les autres. À chaque instant, vous serez stupéfaits d'être en vie !

Inconscients de notre richesse intérieure, nous sommes facilement tentés et séduits par des choses attrayantes, mais éphémères. La culture populaire et les publicités télévisées nous bombardent d'images de produits soi-disant conçus pour nous rendre heureux — un shampoing pour des cheveux plus soyeux, une voiture plus puissante, des vêtements pour une allure plus attirante, mais toutes ces choses n'offrent qu'une apparence de réconfort et de plaisir.

Quel est le sens de la vie ? Comment trouver du sens dans ce qui semble chaotique, et comment parvenir à nous épanouir ? Accumuler des richesses ou faire le tour du monde nous rendra-t-il heureux ? Sur combien de plages peut-on se détendre ? Après tout, toutes les plages sont les mêmes : du sable, de l'eau et du soleil. Soyons sérieux : peu importe ce que nous pouvons nous offrir — la plus luxueuse maison, les plats les plus succulents, le plus confortable fauteuil de plage —, nous nous en lassons rapidement. Nous finissons toujours par prendre conscience que le plaisir que nous apportent les objets matériels ne peut pas nous satisfaire pleinement. Le véritable contentement, nous pouvons uniquement le trouver dans le fait d'exister de façon inconditionnelle. Seul le fait de reconnaître notre vraie nature peut nous assurer d'éprouver un sentiment de satisfaction complet et durable. Nous cessons alors de nous raccrocher à des plaisirs éphémères ; nous voyons en eux de simples ornements qui embellissent notre existence déjà intrinsèquement riche. Telle est la véritable voie.

Finalement, seuls ceux qui sont inséparables de leur respiration mènent une vie vraiment gratifiante. Vous pouvez explorer les sept continents, rechercher les plaisirs et les émotions fortes, et vous retrouver démoralisé et épuisé. Tôt ou tard, vous devrez rentrer chez vous et vous rendre compte que vous êtes simplement un être humain qui respire. Porté par le doux mouvement de votre respiration, tout s'agence pour former un tout, comme les pièces d'un puzzle qui s'emboîtent parfaitement.

Si nous y réfléchissons, nous voyons que nous ne sommes pas si différents. Nous sommes tous des êtres qui respirent. Nous respirons tous le même air, que nous soyons de riches entrepreneurs ou de pauvres mendiants. Quel que soit notre race ou notre statut social, nous sommes tous des êtres qui respirent de la même manière. Pour vivre pleinement, nous devons apprendre à respecter tout le monde. Si nous apprécions inconditionnellement notre propre respiration, nous découvrons en nous un amour inconditionnel pour tous les êtres vivants. Quand nous avons compris à quel point est précieuse notre propre respiration, il ne nous vient pas à l'esprit de faire du mal à qui que ce soit, pas même à la petite fourmi qui traverse notre table.

Nous ne perdons pas un seul instant à chercher ailleurs. Ne faire qu'un avec notre vraie nature est la seule chose qui nous intéresse et que nous désirons. Nous devenons des êtres doux qui apprécient et respectent le miracle de la respiration des autres. C'est le seul objectif qui vaille la peine d'être atteint au cours de notre brève existence : être bon et bienveillant.

Chérissez la vie

Si vous ne pratiquez pas la pleine conscience, vous rencontrerez de nombreux obstacles. La souffrance et l'insatisfaction reviendront régulièrement vous hanter, comme une chanson agaçante qui joue en boucle. Vous vous demandez peut-être : « Où trouverais-je un bonheur et une source de plaisir durable en ce monde ? »

Comment peut-on être heureux de façon durable si tous les plaisirs de la vie sont conditionnels et temporaires ? Un bonheur qui dépend des autres et des circonstances sera toujours instable ; on ne peut pas s'attendre à ce qu'il dure. Par exemple, peut-être aimons-nous bien manger et bien boire, mais pendant combien de temps pouvons-nous nous adonner à ce genre de plaisir ? Pas très longtemps.

C'est quelque chose qui mérite réflexion. Ne vous évaluez pas en fonction de votre richesse, de vos succès ou de votre influence. Évaluez-vous en fonction du sentiment de satisfaction que vous éprouvez, de votre capacité à être présent à chaque instant.

Planifier de façon obsessionnelle ce que vous ferez demain vous empêche d'apprécier la richesse du moment présent. Si vous désirez réaliser vos plus profondes aspirations, soyez attentif à ce qui se passe maintenant. C'est la meilleure façon de remplir les promesses de votre être. Tandis que vous savourez chaque instant, vous apprendrez à respirer de façon pleine et entière. Le simple fait d'inspirer et d'expirer vous fera éprouver un profond sentiment de satisfaction et de gratitude. Quand vous vivrez pleinement de cette façon profonde, vous découvrirez que votre respiration est votre don le plus précieux et une bénédiction.

Inestimable respiration

Visualisez le dernier instant de votre vie, celui où vous pousserez votre dernier soupir. Cela nous arrivera tous. Tandis que vous imaginez de façon frappante votre dernier instant, comment pourriez-vous respirer avec colère ou rage ? Comment pourriez-vous respirer avec jalousie ou orgueil ? Vous ne pouvez pas respirer en adoptant une attitude aussi malfaisante ! Quand les autres nous blessent, ils méritent notre compassion, car eux aussi dilapident chaque seconde leur inestimable respiration. Aussi malveillant que puisse nous sembler leur comportement, ils ne méritent pas notre vengeance, et nous ne devrions pas gaspiller notre précieuse respiration à nous appesantir sur des idées négatives.

Peu importe la richesse et les biens que nous avons accumulés, au moment de notre mort, nous n'emportons pas un seul sou avec nous. À cet instant, il n'y aura personne nulle part dans le monde pour nous vendre ne serait-ce que dix respirations de plus. Nous ne pourrons pas demander à notre ami : « J'ai un million de dollars à la banque ; peux-tu m'acheter dix respirations de plus ? » L'homme le plus riche de la terre ne peut pas ajouter une minute de plus à sa vie. Demandez-vous : « Que vaut pour moi l'argent que j'ai déposé à la banque ? Que vaut une respiration ? Comment puis-je gaspiller un seul instant de cette vie si précieuse ? Où trouver le courage de vivre pleinement cette vie de manière significative ? »

L'un de mes élèves m'a récemment parlé du décès de son père. Il avait passé plusieurs jours au chevet de son père tandis que ses dernières forces le quittaient. Alors qu'il avait vécu une vie active et bien remplie, il était à présent incapable de parler et devait faire des efforts douloureux pour respirer. C'était évidemment déchirant, mais son fils sentait que son père lui faisait ainsi un dernier cadeau. Son père lui enseignait à quel point la vie est brève et incertaine, et l'exhortait à vivre de la façon la plus significative qui soit.

Il se peut que nous ayons tendance à croire que nous vivons pleinement notre vie quand nous prenons de succulents repas dans un bistro français à la mode ou quand nous achetons des vêtements chics dans une boutique de luxe. Nous pouvons même étudier les enseignements bouddhistes auprès d'un célèbre lama[6] tibétain pour vivre pleinement notre vie. Nous cherchons constamment le bonheur. Nous avons tous vécu cette même expérience ; par conséquent, j'ai énormément de respect pour tout le monde. Nous voyageons ensemble, et la route n'est pas facile. Jusqu'à ce que nous découvrions notre véritable nature, nous souffrons. Et nous souffrons tous ensemble.

Une fois que nous avons entrevu notre vraie nature, nous prenons conscience que notre existence est précieuse. Nous sentons profondément que la valeur d'une simple respiration est incalculable. Si nous prenons le temps de les examiner, nous nous rendrons compte à quel point chacune de nos respirations est précieuse. Cette découverte nous apportera une réelle satisfaction et nous motivera à utiliser notre temps à bon escient.

---

6. Lama est un terme honorifique tibétain que l'on attribue à ceux qui se sont réalisés spirituellement et qui sont capables de guider les autres. Lama signifie littéralement « mère de la compassion ».

Respirer pleinement, c'est vivre pleinement, et quand nous respirons profondément, la vie devient pleine et entière. Alors, respirez joyeusement et respirez complètement. Vous serez satisfait des choses telles qu'elles sont, et chaque instant vous apparaîtra comme étant parfait et sans défaut. Vous éprouverez une fascination enfantine pour le monde et vivrez une histoire d'amour avec chaque instant de votre vie.

CHAPITRE 5

Tout ce qui survient cesse d'être

Accepter le changement

Nous entretenons généralement des idées étranges au sujet de la mort, en particulier en Occident. Les maisons funéraires sont élégantes, confortables et meublées avec goût. Le corps du défunt est embaumé, puis bichonné par le directeur des pompes funèbres avant d'être présenté dans un cercueil ouvert. Les cimetières sont des lieux pittoresques avec leurs pelouses parfaitement entretenues, leurs fleurs multicolores et leurs allées sinueuses. Peut-être que ce besoin d'édulcorer la mort reflète notre peur, notre refus d'affronter notre propre mortalité. Nous envisageons la mort comme quelque chose de sombre et d'effrayant, quelque chose que l'on doit purifier et rendre présentable, comme une pièce d'argenterie qui a besoin d'être polie. Au lieu d'accepter la réalité de la mort et l'impermanence de la vie, nous planifions notre avenir comme si nous étions censés vivre éternellement. Toutefois, l'approche honnête et courageuse consiste à reconnaître l'inévitabilité de la mort et à accepter son imminence.

Affronter le fait que nous allons tôt ou tard mourir et perdre tout ce que nous chérissons peut s'avérer insupportable. Nous pouvons exercer une certaine influence sur les conditions extérieures de notre environnement durant l'essentiel de notre vie, mais nous n'avons aucun contrôle sur le moment et le lieu de notre mort, tout comme nous n'avons aucun contrôle sur le passage du temps.

Nous ne pouvons même pas nous attendre à ce que les jeunes vivent plus longtemps que les vieux. On voit des grands-parents qui doivent porter le deuil de leur petit-enfant. Les jeunes comme les vieux peuvent mourir subitement, frappés par la maladie ou victimes d'un accident mortel. Certains déclinent progressivement sous le coup d'une maladie d'ordre physique ou mental. D'autres sont en bonne santé, mais à mesure que les années passent, ils perdent lentement leur vitalité et se dirigent doucement vers la mort, comme les feuilles d'un arbre qui brunissent et s'effritent à l'approche de l'hiver. Notre énergie vitale nous quitte petit à petit. Cloués au lit, nous sommes incapables de bouger et n'avons plus que la peau sur les os. Lorsque nous étions dans la force de l'âge, nous avons peut-être été de grands athlètes ou des danseurs de renom, mais à présent, nous sommes impuissants.

Le caractère éphémère de la vie est redoutable et inéluctable. Même si nous planifions plusieurs années à l'avance, rien n'est certain. Cette vie est précieuse, mais rien ne nous assure que nous serons encore là demain.

Essayez d'accepter la mort sans broncher. N'ayez pas peur et reconnaissez que la mort est quelque chose d'inévitable. Une conscience accrue du caractère éphémère de la vie nous motive à vivre plus pleinement notre vie. Dans le bouddhisme, on insiste beaucoup sur l'impermanence et la mort, mais cela n'a pas pour but de susciter un sentiment de peur, d'angoisse ou de panique. Au contraire, la conscience de la mort nous amène à mieux apprécier chaque instant de nos vies.

Une prière bouddhiste dit :

Inexorablement, la mort se rapproche sans jamais s'arrêter, ne serait-ce qu'un instant.

Savez-vous avec certitude quand, où et comment nous mourrez ? Pouvez-vous être sûr que vous ne mourrez pas dans l'heure qui vient ? Entre une respiration et la suivante, rien ne nous garantit que la mort ne se glissera pas entre les deux. Se réveiller le matin en vie et en bonne santé est véritablement miraculeux ! Et pourtant, nous faisons comme si ce miracle allait de soi.

Quand vous êtes conscient de l'impermanence des choses, vous devenez plus courageux et plus attentionné. Vous ne réprimez pas vos émotions. Quand vous êtes vraiment ouvert à la possibilité que demain ne viendra peut-être jamais, vous exprimez dès maintenant votre amour pour les autres. Vous éprouvez de la reconnaissance pour chaque instant qui passe et demeurez dans la pureté du moment présent.

Au plus profond de notre cœur, nous savons tous que la mort attend avec opiniâtreté. Mais nous fermons les yeux et laissons rarement la réalité de l'impermanence des choses influencer notre vision de la vie. N'est-il pas intéressant de constater à quel point nous oublions facilement que ceux qui nous font du mal devront eux aussi un jour regarder la mort en face ? Compte tenu de la brièveté et de l'impermanence de la vie, avons-nous déjà songé à laisser notre adversaire gagner un débat, garder le trophée ou remporter la victoire ? Concéder la victoire n'est pas une défaite. Au contraire, cela nous permet de nous réjouir de la liberté qui vient de la conscience de la nature éphémère de toutes choses.

La méditation suprême

Pour tirer le maximum du temps qui vous est alloué, songez à la vérité de l'impermanence. Gardez à l'esprit que la vie est brève. N'oubliez jamais la réalité incontestable du caractère fugace de tous les phénomènes. Vous ne ferez pas de progrès dans votre pratique sans ce fondement essentiel, tout comme vous ne pouvez pas faire de progrès en algèbre sans une bonne compréhension des règles de l'arithmétique.

Le Bouddha enseignait à ses disciples que la méditation suprême consiste à réfléchir à l'impermanence des choses. La moindre variation dans le cours de nos pensées et de nos perceptions est une leçon sur la nature passagère des apparences. Si nous n'avons pas toujours à l'esprit la réalité du changement, nous risquons de devenir le jouet d'émotions troublantes et la négativité nous consumera.

Il existe d'innombrables métaphores pour illustrer la nature fugace de la vie. La vie est pareille à un arc-en-ciel dont la beauté et les couleurs nous éblouissent pour ensuite disparaître l'instant d'après ! Les gouttes de rosée scintillent au clair de lune, mais s'évaporent en un clin d'œil au lever du soleil. La vie est comme la flamme d'une bougie que le vent fait vaciller ; à tout moment, elle peut s'éteindre et nous laisser dans le noir. Voilà à quel point nos vies sont brèves et incertaines !

On peut réfléchir à l'impermanence des choses de nombreuses façons. Nous avons tous vécu des expériences qui nous ont clairement démontré notre propre vulnérabilité. Il se peut que vos parents soient décédés après avoir mené une vie active ; que votre frère soit mort à la suite d'un brusque accident ; ou que votre chat ait poussé son dernier soupir dans son sommeil. La mort et l'impermanence sont partout présentes.

À un âge très avancé, ma grand-mère a commencé à souffrir d'un problème de rétention d'eau. Les médecins de la région ne pouvaient rien faire pour elle, et il n'existait aucun médicament pour la soulager de cette atroce douleur. Ma grand-mère était une femme sage, pleine d'entrain et capable, toujours prête à affronter les épreuves. Mais pendant cette période, ses cris d'agonie remplissaient jour et nuit notre tranquille demeure. Comme me l'avait demandé ma grand-mère au début de sa maladie, je lui lisais à voix haute le *Livre tibétain des morts*, un guide pour ceux qui sont au seuil de la mort. Voir ma chère grand-mère souffrir ainsi m'a profondément marqué. C'était un exemple frappant qui me rappelait à quel point mourir peut être douloureux et à quel point nous sommes impuissants face à la mort.

Pensez que votre vie peut prendre fin subitement au cours d'un accident. Réfléchissez à cette possibilité : « Un avion s'est écrasé et tous les passagers sont morts. J'aurais pu être à bord de cet appareil. J'aurais pu mourir ! » Des milliards d'êtres humains ont vécu sur cette planète ; où sont-ils à présent ? Leur souvenir s'est effacé depuis longtemps, tout comme s'effacera le nôtre avec le passage du temps. Quand la mort nous appelle, tout disparaît en un instant, et personne ne se souviendra à quel point nous étions riches, puissants ou influents. Mais il n'y a pas lieu de désespérer. Au contraire, ces réflexions devraient renforcer notre détermination et nous redonner goût à la vie.

Réfléchir à l'inévitabilité de la mort nous fait sortir de notre état de stupeur. Cela nous aide à prendre conscience que la vie est précieuse et que nous *ne devons jamais tenir les choses pour acquises.* Nous devons profiter des occasions que la vie nous offre chaque jour. À l'heure de notre mort, nous serons envahis par la peur et les regrets si nous ne prenons pas tout de suite soin de nous. Si nous ne vivons pas pleinement notre vie, nous gâchons une occasion précieuse de devenir des personnes dignes et authentiques. Si nous parvenons à vivre en demeurant attentifs et en faisant un bon usage du temps qui nous est alloué, nous quitterons cette vie avec courage et dignité, sans regarder en arrière.

Un bref séjour

Notre vie est semblable à un bref séjour à l'hôtel. Nous louons une jolie petite chambre, et nous nous considérons comme chanceux. Peut-être avons-nous les moyens de nous offrir une suite dans un hôtel cinq étoiles. Quoi qu'il en soit, nous avons un abri confortable, et d'une certaine façon, nous avons de la chance. Bientôt, nous repartirons.

Durant notre bref séjour, ne serait-il pas sage de nous détendre et de profiter d'un repos bien mérité ? Toutefois, à peine installés, nous commençons à trouver des défauts à notre chambre. Il y a une fissure dans le mur, alors nous allons à la quincaillerie acheter du plâtre. Après avoir réparé le mur, nous remarquons que le plâtre n'est pas de la bonne couleur, alors nous retournons au magasin acheter de la peinture et passons quelques heures à repeindre le mur. Puis, nous nous rendons compte que le décor de la chambre ne nous plaît pas, alors nous déplaçons le tapis et réarrangeons les meubles. Finalement, épuisés, nous décidons de faire une sieste, mais le matelas est bosselé, alors nous allons acheter un nouveau matelas. À notre retour, nous découvrons que la toilette fuit. Lorsque nous avons enfin réparé la fuite, le soleil se couche et notre séjour tire à sa fin.

Il est temps de partir. Malheureusement, nous n'avons pas eu le temps de nous reposer ; nous quittons l'hôtel éreintés et de mauvaise humeur. De même, nous faisons souvent un mauvais usage de notre vie, oubliant que notre séjour ici-bas est bref et fugace, et que rien n'est plus important qu'un séjour reposant. Dans quelle mesure devrions-nous compter sur nos affaires personnelles et nos biens matériels ? Devrions-nous investir autant dans des choses instables et constamment en train de changer ?

Vous devez apprendre à faire preuve de bon sens. Durant votre bref séjour, essayez de ne pas trop vous en faire au sujet des défauts de votre chambre d'hôtel, de votre vie. Peu importe ce qui survient à cet instant, rien d'autre n'existe. Si votre voiture tombe en panne au milieu de la route, vous pouvez réagir de façon appropriée ou perdre votre temps à vous lamenter. Si votre patron pique une colère et vous injurie, ce n'est pas grave, après tout, les patrons se mettent en colère de temps en temps. Si vous ne pouvez rien faire pour corriger le tempérament colérique de votre patron, pourquoi cela devrait-il vous affecter ? Sans ce savoir, nous ne pourrions jamais faire face à ces situations avec dignité. Ne perdons pas notre temps à essayer de changer ce qui est. N'investissez pas trop de votre temps dans ce qui ne pourra jamais vous apporter un contentement durable.

CHAPITRE 6

Crise d'identité

Le moi territorial

Pendant des milliers d'années, les humains ont vécu une crise existentielle :

Ils ont tué des millions de personnes pour se prouver qu'ils existaient.

Ils ont construit des millions de structures pour se prouver qu'ils existaient.

Ils ont créé des centaines de religions pour se prouver qu'ils existaient.

Ils ont fabriqué des armes à feu et des couteaux pour se prouver qu'ils existaient.

Ils ont mangé et bu plus que de raison pour se prouver qu'ils existaient.

Ils ont ri, pleuré et dansé pour se prouver qu'ils existaient.

Mais il n'est toujours pas clair si quelqu'un quelque part est vraiment convaincu d'exister.

Pour confirmer notre impression d'être un moi, nous philosophons et élaborons des théories, nous construisons et détruisons, nous consommons et nous laissons tenter, mais finalement, la nature de notre existence demeure entourée de mystère. Cette incertitude nous pousse à nous adonner à des activités futiles et ennuyeuses qui ne sont qu'une perte de temps. Nous éprouvons un sentiment d'insécurité parce que nous voulons croire que notre précieux « moi » est quelque chose de tangible et de permanent. Comme nous aspirons désespérément à nous définir nous-mêmes, nous nous inventons des identités arbitraires qui ne font que limiter notre potentiel et alimenter notre perplexité.

Nous inventons des normes pour nous-mêmes et les autres. Nous nous raccrochons à ce que nous aimons, éprouvons du dégoût pour ce qui nous déplaît, et ignorons tout le reste. Nous établissons des frontières, et nos habitudes de pensée renforcent en nous l'idée d'un moi territorial. Les obstacles émotionnels ne sortent pas de nulle part; ils sont alimentés par notre croyance en l'existence d'un moi autonome séparé de tout le reste. Nous élevons de plus en plus de clôtures et inventons de plus en plus d'étalons pour mesurer le monde. Nous avons de plus en plus de terrain à protéger et à défendre. Prisonniers derrière les murs que nous avons nous-mêmes élevés autour de nous, nous avons du mal à être attentionnés et bienveillants, et hésitons à faire confiance aux autres.

Quand nous sommes obnubilés par notre propre territoire, même une simple tasse de café peut devenir toxique. Plusieurs d'entre nous ont l'impression d'être incapables de fonctionner avant d'avoir bu leur première tasse de café du matin. Sans notre tasse de java matinale, nous devenons difficiles et irritables. Mais quand nos habitudes nous définissent et nous limitent, nous ne pouvons pas vivre le moment présent.

Vous pourrez entreprendre de démolir le château-fort du moi territorial si vous vous souciez davantage des autres. Examinez attentivement vos pensées et vos motivations en tout temps, même quand vous ne faites que siroter une tasse de café. Essayez de boire sans motivation égoïste, tout en étant attentif aux besoins des autres. Votre café deviendra un divin nectar, comme un avant-goût de votre bonté fondamentale, qui dépasse les limites du moi et qui n'est pas liée à vos habitudes. Élever habilement votre façon de penser est la clé !

Briser les liens

Toutes nos expériences s'apparentent à une illusion, à un rêve. À l'intérieur de ce rêve englobant, plusieurs petits rêves apparaissent et disparaissent simultanément. Reconnaître que nos expériences ont la consistance d'un rêve est notre meilleure protection contre la douleur et la détresse.

Si vous vous attachez de plus en plus à la beauté d'un ami ou si les exigences de votre patron vous mettent de plus en plus de mauvaise humeur, rappelez-vous que la nature de cette expérience est semblable à celle d'un rêve. Même si les apparences semblent substantielles, tout ce qui survient dans votre vie ne dure qu'un instant.

Nous nous laissons hypnotiser par l'idée réconfortante de la permanence et de la stabilité, et devenons les dupes de notre propre supercherie. Nous avons tendance à devenir dépendants de nos amis et de nos êtres chers. La chose intelligente à faire consiste donc à démanteler nos fausses croyances et nos perceptions erronées. Il est sage de briser nos liens en réfléchissant à la nature éphémère et capricieuse de nos pensées et de nos émotions. Au milieu de toute cette instabilité et de cette incertitude, reprenez courage en vous rappelant que notre véritable essence est immuable et insensible au changement. Elle est inconditionnelle ; par conséquent, elle ne peut pas être détruite. À l'inverse, toutes les apparences relatives ont des causes, dépendent des circonstances et sont invariablement éphémères.

Si vous êtes la victime volontaire de vos propres subterfuges, tôt ou tard, la réalité frappera à votre porte. Quand vos illusions s'effondreront comme un château de cartes, cela pourrait vous briser le cœur. Comme vous n'êtes pas prêt à affronter tous les changements soudains et inévitables de la vie, vous pourriez trouver cela insupportable. Mais si vous êtes éveillé et attentif, vous pouvez démolir vos illusions au fur et à mesure. Et peut-être n'aurez-vous pas le cœur brisé, même si tout s'écroule autour de vous.

SE LIBÉRER DU MOI

Être authentique, soit être fidèle à ce que nous sommes, devient possible quand nous avons réussi à chasser l'illusion d'un moi qui existerait indépendamment de tout le reste. D'ordinaire, en tant qu'êtres humains, nous ne réalisons pas notre plein potentiel, notre nature bouddha. Au contraire, nous embrassons notre confusion. Quand nous prenons conscience que ce moi limité et confus ne repose sur rien, nous pouvons reconnaître dans ce qui est clair et vide notre vrai moi. Une fois que nous avons embrassé notre vraie nature, rien ne peut nous aveugler ou nous limiter. C'est ce que nous sommes : *des êtres dont l'existence est sans limites et complète.*

Nous pensons être libres, mais nous sommes prisonniers de nos peurs et de nos illusions ; de toutes les contraintes que nous nous imposons à nous-mêmes. Nous n'avons pas confiance en notre vraie nature, et par conséquent, il nous manque quelque chose.

Si la nature du moi est d'être vide, est-ce que cela signifie que rien n'existe ? Avez-vous déjà vu des fleurs de lotus en pleine floraison ? Leur beauté radieuse a quelque chose d'enivrant. Lorsqu'elles s'épanouissent dans toute leur fraîcheur, elles sont exemptes de toute impureté, de toute imperfection, de tout signe de décomposition. Elles sont parfaites et immaculées. Voilà le vide dont je parle : *un vide où il n'y a ni souillure ni obscuration.* Soyons clairs : le vide n'est pas un état où règne l'absence, l'obscurité et le néant. Cet état naturel est rempli de belles qualités. Dans ce vide, rien n'est déformé, ce qui veut dire que nous pouvons voir les choses exactement telles qu'elles sont.

Quand rien n'obstrue notre esprit, celui-ci acquiert une clarté lucide et ouverte. Quand vous y voyez clair, vous vous exprimez de façon authentique et vous communiquez avec les autres sans artifices, sans hésiter et sans rien leur cacher. Votre façon d'être porte toujours la marque de l'authenticité. Si vous essayez de porter un masque, votre conscience, aussi dure qu'un diamant, le brisera en mille morceaux l'instant d'après. Le diamant symbolise une clarté indestructible, qui éradique toute supercherie. L'esprit perçoit clairement le monde quand il n'est pas obstrué par toutes sortes de pensées décousues et d'émotions troublantes. Cette clarté est une qualité intrinsèque et naturelle de l'esprit. Elle ne dépend pas des circonstances ; par conséquent, rien ne peut la détruire.

Examinez votre esprit et essayez de découvrir la nature de ce soi-disant moi. Pouvez-vous trouver le propriétaire de vos expériences, quelqu'un qui pense vos pensées et qui serait vraiment là ? Est-ce qu'un tel moi existe ? Ou ne trouvez-vous dans votre esprit que des pensées, des émotions et des perceptions intangibles, fugaces et éphémères ?

Même si tout apparaît dans l'esprit, ni l'esprit ni ce qui apparaît dans l'esprit ne possède de réalité objective et substantielle. Toutes nos pensées et perceptions sont éphémères. Si nous croyons que nos projections sont réelles, nous aurons tendance à penser que tout ce que notre monde contient existe vraiment, tel qu'il nous apparaît. Mais notre vie est semblable à un rêve. Toutes nos expériences sont intangibles et nous échappent. Nous croyons souvent à tort que ce rêve reflète la réalité, mais les apparences en cette vie sont semblables aux tours de passe-passe d'un magicien. Nous sommes dupes de ces apparences oniriques et passagères. Il est temps de nous réveiller !

Imaginez un jeune enfant en train de regarder le reflet de la lune sur l'eau d'un lac. L'enfant pensera que la lune est dans l'eau, et il sera difficile de le convaincre du contraire. Quand l'enfant sera plus vieux et plus sage, vous pourrez lui indiquer la lune et lui expliquer : « Voilà la lune, et voilà son reflet dans l'eau. » Toutefois, pour un bouddhiste, l'apparence de la lune dans le ciel est également irréelle, tout comme la personne qui la pointe du doigt. Ce n'est pas facile à accepter, mais il est essentiel de le comprendre. C'est une erreur de croire que nos perceptions, nos pensées et nos émotions ont une existence propre. Cette vision confuse des choses devient notre pire ennemi. Par exemple, des sentiments de colère et de haine peuvent s'incruster dans nos esprits, y demeurer des jours, des mois, voire des années.

À l'intérieur, nous nous sentons appauvris, alors nous désirons acquérir toutes sortes de choses. Nous nous lançons en affaires, nous travaillons d'arrache-pied pour faire un profit, et à court terme, nous avons l'impression d'avoir réussi. Mais nous ne nous rendons pas compte que ce profit est une illusion. Autrement dit, quand nous renforçons l'idée qu'il existe un moi, nous renforçons l'idée que nous devons faire un profit. Nous nous disons que ce « je » existe, et donc que ce « je » doit faire un profit. Ce « je », c'est l'ego. En nous efforçant de satisfaire l'ego, nous ne faisons que corrompre notre énergie naturelle avec nos pensées égoïstes. Il vaut mieux laisser l'énergie s'échapper et s'écouler de façon naturelle. Si nous croyons avoir gagné quelque chose, quelle importance ? Si nous croyons avoir perdu quelque chose, quelle importance ? Nous croyons à l'existence de ces gains et de ces pertes, mais en réalité, tout cela ne repose sur rien de réel. Tout n'est que mirage et illusion.

Quand nous nous éveillons après avoir fait un rêve agréable, nous avons parfois envie de retenir cette expérience, mais nous savons que ce n'est pas la réalité. En apprenant à mieux connaître la nature du moi et des apparences, nous prenons conscience que cette vie est semblable à un rêve. Tout ce que nous voyons n'est qu'un mirage, et nous ne pouvons, en fin de compte, nous raccrocher à quoi que ce soit. L'instant qui passe est semblable au reflet de la lune sur l'eau ; il est saisissant, mais ce n'est qu'un reflet. Nous ne pouvons pas retenir l'instant qui passe, mais nous pouvons l'apprécier et le vivre pleinement, tout en sachant qu'il n'y a rien à quoi nous raccrocher.

Découvrir le vrai moi

S'aimer soi-même peut paraître égoïste, dans la mesure où il existe un moi solide et stable qui refuse de bouger. Toutefois, la meilleure façon de nous aimer nous-mêmes consiste à réaliser notre essence, qui est notre véritable moi.

Qu'est-ce que le vrai moi ? Votre vrai moi se révèle à chaque instant de votre vie. Vous ne pouvez isoler et identifier un moi qui existerait séparément de votre expérience. Votre vrai moi n'est pas séparé de votre expérience, tout comme les vagues ne sont pas séparées de l'océan. Quand vous avez une bonne pensée, cette énergie est l'expression du vrai moi. Quand vous avez une mauvaise pensée, cette énergie est aussi l'expression du vrai moi. Quand vous aimez quelqu'un, c'est une manifestation du vrai moi. Quand vous détestez quelqu'un, c'est aussi une manifestation du vrai moi. Quand vous aurez compris la nature du vrai moi, l'énergie circulera librement en vous, et vous saurez que vous êtes l'essence de cette énergie. Il n'y a pas de « je » individuel, autonome et indépendant. Quand nous croyons à l'existence d'un « je », nous devenons égoïstes et nous essayons de nous retenir à ce soi-disant « moi ». Nous ne voulons pas mourir parce que nous nous racontons des histoires et sommes convaincus que nous avons trop à perdre. Nous sommes comme des enfants qui construisent des châteaux de sable sur une plage et qui s'attachent tellement à leurs créations qu'ils se mettent à pleurer quand les vagues les emportent. Tout près, leur grand-père sourit, car il comprend le mouvement des marées et la fragilité des châteaux de sable.

Pour vous aimer vous-même, vous devez approfondir votre compréhension des choses et réaliser votre vrai moi. En psychologie moderne, l'idée de s'aimer soi-même est quelque peu discutable. Selon de nombreux psychologues, vous pouvez déconstruire une image négative de vous-même et la remplacer par une image plus positive. Un psychologue dira, par exemple : « Aimez-vous et dites-moi tout. » Si le patient a l'impression de ne pas être à la hauteur, le psychologue l'aidera à se construire une image de lui-même plus satisfaisante. Mais cela peut aussi s'apparenter au démantèlement d'un château de sable en vue d'en construire un plus grand et plus beau. Bientôt, les vagues emporteront aussi cette nouvelle construction, puisque rien n'est permanent. Tout ce qui vient à naître est condamné à mourir, y compris l'idée que nous nous faisons de nous-mêmes. Toutefois, si vous reconnaissez pleinement que toutes vos expériences sont le fruit d'une énergie naturelle qui circule librement — l'expression de votre vrai moi —, vous n'aurez plus à danser le tango avec cette énergie. Vous pouvez très bien danser sans avoir d'arrière-pensées égoïstes. Actualiser cet état est la chose la plus importante. Il n'y a rien de mieux puisque vous serez alors physiquement, mentalement et émotionnellement équilibré. Et plus important encore, vous serez spirituellement équilibré.

CHAPITRE 7

Affronter les obstacles et les obscurations

Au-delà de la fixation

Vue d'un certain angle, la pratique de la voie spirituelle est fort simple. L'essence de l'esprit est d'une simplicité insaisissable, mais l'esprit peut facilement se perdre et tourner en rond dans un labyrinthe déroutant de pensées et d'émotions. Par conséquent, nous rencontrons des obstacles et des obscurations sur notre voie spirituelle. Il ne faut pas chercher à éviter ces barrières. Au contraire, elles doivent devenir la base de travail de notre croissance spirituelle.

Pourquoi nos interactions avec les autres sont-elles une source de conflits ? Parce que nous avons tendance à être égoïstes. Au bureau, nous essayons peut-être de nous attirer les bonnes grâces de notre superviseur dans l'espoir de décrocher une promotion. Ou il nous arrive peut-être de mentir à une amie, de peur de perdre son affection. L'égocentrisme interdit toutes formes de communication franche et honnête. Quand nous sommes obnubilés par nos petits intérêts personnels, nous voulons tout contrôler et manipuler tout le monde. Si nous voulons entretenir de saines relations avec les autres, nous devons renoncer à notre égocentrisme. Alors, nous pourrons échanger de façon honorable et directe.

Quand nous comprenons que les notions de « moi » et de « toi » n'existent pas vraiment en tant qu'entités séparées et distinctes, il ne peut plus y avoir de conflit entre nous. Nous communiquons directement, sans essayer d'obtenir de faveurs et sans avoir peur de blesser notre ego. Nous pouvons exprimer notre indignation sans adopter une attitude défensive ou agressive. Nous faisons tous l'expérience de la colère, de la jalousie et de l'orgueil, mais ces émotions ne sont pas les principaux coupables. La source de nos conflits est la croyance exagérée en l'existence d'un soi-disant moi. Quand nous nous raccrochons à cette perception d'un « moi », nous créons la perception d'un « toi ». Quand il y a un « moi » et un « toi », il y a aussi ce qui est « mien » et ce qui est « tien », ma famille et ta famille, ma maison et ta maison, mon pays et ton pays. C'est une fixation dualiste, la cause de tous les conflits et de tous les malheurs du monde. Ceux qui souhaitent sincèrement l'avènement d'un monde plus pacifique chercheront à dompter leur ego et à conquérir les forces destructrices de cette fixation dualiste[7].

Nous devrions aspirer à demeurer dans la pureté d'un état non dualiste, loin de la confusion qui entoure les idées de « moi » et de « toi ». C'est notre milieu naturel, au-delà de toute fixation dualiste. C'est ce qui nous permet de chasser de notre corps et de notre esprit les tensions causées par le conflit entre des positions dualistes extrêmes. Par la suite, les références à « ceci » ou « cela » n'entraveront plus l'écoulement naturel de l'énergie. Si vous invitez un ami à dîner, vous avez plus de chance de passer du bon temps ensemble si vous n'avez pas d'attentes précises. Si tout se passe à merveille, tant mieux. Si rien de spécial ne se produit, ce n'est pas plus mal.

Un agent de change de Wall Street peut perdre son sang-froid tandis qu'il observe avec angoisse les fluctuations incessantes du marché, ou il peut transcender le dualisme des « hausses » et des « baisses » en se laissant porter par le mouvement des nombres. Il

7. Le concept de dualité sera abordé plus en détail au chapitre 9.

peut voir dans les soubresauts du marché et ses rapides calculs une danse enivrante, et refuser de laisser les fluctuations de l'espoir et de la peur saper son énergie et miner sa confiance en lui-même. Les nombres ne cesseront jamais de monter et de descendre. Il pourrait passer sa vie à essayer de maintenir une longueur d'avance sur le marché, mais finalement, il aura gaspillé un temps précieux et des ressources considérables en échange d'un simple gain financier.

Cherchez la source

Les habitudes destructrices et les comportements insouciants sont la cause de nos souffrances. Si nous cherchons à vivre pleinement nos vies, nous devons éviter les pièges de la routine. Quand une abeille se pose sur une fleur, il arrive qu'elle se laisse griser par son nectar. Ne se rendant pas compte que la nuit tombe, l'abeille se retrouve prisonnière de la fleur tandis que ses pétales se referment lentement sur elle. En tant qu'êtres humains, nous devons utiliser notre intelligence et demeurer vigilants de façon à ne pas nous laisser enchaîner par nos habitudes et nous priver de notre liberté.

Les pensées décousues et les émotions afflictives obscurcissent la nature naturellement expansive et lumineuse de l'esprit. Nous perdons beaucoup de choses de vue quand nous nous concentrons uniquement sur nous-mêmes et les expériences du « je ». Cette vision étriquée est un terreau fertile pour l'ego. Quand nous sommes incapables de transcender nos façons ordinaires et habituelles de penser, tout devient confus. Tournant le dos à la nature immaculée de notre esprit, nous souffrons, car nous sommes fortement attachés au « je ». Un flot incessant de pensées, où chaque pensée en entraîne une autre, nous enferme dans un cercle vicieux de confusion et de douleur.

Chaque pensée doit demeurer à sa propre place. Il serait insensé d'extraire une chenille de son cocon en espérant qu'elle se mette à fabriquer du miel ; ce serait contre nature. De même, si vous placez une abeille dans un cocon, elle ne se transformera pas en papillon. Ainsi, la chenille doit rester dans son cocon et l'abeille doit fabriquer du miel. Quand vous faites l'expérience de chaque pensée dans son intégralité, l'énergie de la pensée se manifeste et se dissout à sa propre place. Par conséquent, n'essayez pas de trafiquer vos pensées. Cela ne fait qu'ajouter à votre perplexité et votre confusion. Quand l'énergie de chaque pensée est complète et indépendante, celle-ci se consume sans laisser de trace.

Si vous ne parvenez pas à voir la nature complète et indépendante de chaque pensée, c'est parce que vous êtes attaché au « je » et aux créations du « je ». Quand vous vous dites : « Je vais faire ceci », vous créez l'illusion d'une continuité pour ce « je ». Si vous pensez : « Je veux ceci », vous choisissez mentalement d'appuyer sur un bouton, et si vous pensez : « Je veux cela », vous choisissez le bouton suivant. Il n'y a pas d'espace pour que chaque pensée puisse être complète et indépendante parce que vous vous raccrochez à l'illusion de la continuité. On pourrait dire qu'une pensée indépendante est une énergie naturelle, une conscience nouvelle et vive. Elle ne dépend d'aucun support supplémentaire.

Quand vous suivez vos pensées à la poursuite d'un « je » illusoire, votre implication auprès de chaque pensée vous asservit. Cette confusion mentale vous pousse à faire suivre la première pensée d'une deuxième, puis la deuxième pensée d'une troisième, et ainsi de suite. Par conséquent, chaque pensée n'existe pas indépendamment des autres. Nous écrivons notre propre histoire en nous appuyant sur l'idée du moi illusoire. Prisonniers d'une suite incessante de pensées confuses, nous tombons dans un cercle vicieux, que nous appelons « samsara ». Samsara est un état d'ignorance rétrograde. Ignorant la pure nature de l'esprit et de l'expérience, la personne devient le jouet de ses émotions et de son karma, et sa vie n'est plus qu'une suite d'épisodes stressants et douloureux, tant sur le plan physique que mental.

Quand nous pratiquons la méditation, nous faisons l'expérience des intervalles entre nos pensées, et cet espace nous permet de nous détendre et de nous défaire de l'emprise de nos vieilles habitudes et de nos comportements réactifs. Le fait d'entrevoir ces espaces dans notre paysage mental nous permet de vivre plus pleinement dans le présent lumineux. La méditation est un outil efficace pour briser les chaînes des habitudes fortement enracinées en nous. D'autres méthodes, comme celles offertes dans certains livres de croissance personnelle, tentent de remplacer les mauvaises habitudes par des pensées positives, mais ce faisant, on ne s'attaque pas à la racine du problème. Si nous désirons nous libérer de nos habitudes, l'approche la plus efficace consiste à nous demander : « Qui est lié à cette habitude, et d'où vient-elle ? »

L'exemple du lion et du chien est une bonne illustration de cette approche. Si vous lancez un caillou à un chien, le chien se lancera à la poursuite du caillou. Si vous lancez un caillou à un lion, le lion se lancera à votre poursuite ! Le chien continuera à courir après les cailloux, mais le lion s'assurera que c'est fini une fois pour toutes. Examinez la source de chaque pensée au lieu de suivre sa trace. Nos habitudes sont conditionnelles et fabriquées par nos pensées. Nous sommes aux prises avec ces habitudes cognitives et comportementales parce que nous avons échoué à découvrir leur source. Les habitudes sont une forme d'énergie, et l'énergie monte et descend comme les vagues à la surface de l'océan. Quand vous savez d'où elle provient, l'énergie se dissout d'elle-même après s'être manifestée et n'entraîne pas de nouvelles habitudes.

Votre pratique consiste donc à trouver la source de ces cailloux. Vous pouvez continuer à agir comme un chien agité et vous lancer à la poursuite de chaque pensée qui vous traverse l'esprit, ou vous pouvez bondir comme un lion courageux et découvrir que la source de vos pensées est une pure énergie surgissant du vide. Dans cet état de pureté intemporelle, rien ne vient vraiment à l'existence et rien n'existe de façon tangible, donc il ne peut y avoir d'obstruction. Si vous avez le courage de demeurer dans ce vaste espace, les fictions qui alimentent les habitudes dont vous aimeriez vous libérer ne trouveront aucun terreau fertile dans lequel plonger leurs racines.

Nous ne devrions pas rejeter nos pensées et nos émotions, car elles sont toutes légitimes. Toutefois, nos pensées et nos émotions peuvent nous causer des ennuis quand nous nous raccrochons à celles-ci comme si elles étaient fixes et immuables. Quand nous demeurons dans la nature vide et spacieuse du moi et des phénomènes, nous sommes à l'abri de la confusion. Par conséquent, faisons en sorte que tout se manifeste en tant que pure inspiration. Faisons en sorte que tout soit matière à célébration. Tout ce qui survient est très bien, et si rien ne survient, c'est également très bien. Avec un esprit flexible, nous pouvons diriger notre vie de manière sophistiquée. La corruption n'aura aucune emprise sur nous, et peu importe ce qui se produit, nous demeurerons au-dessus de la mêlée, pour ainsi dire. Quand nous reconnaissons la qualité lumineuse de notre vraie nature, la claire essence de toutes choses nous apparaît partout où nous allons. C'est absolument fantastique !

Dissoudre les afflictions émotionnelles

Dans notre tradition, nous ne rejetons ni n'acceptons rien a priori. Nous devons accepter de faire pleinement et sans réserve l'expérience de nos sensations et de nos émotions. Elles sont toutes légitimes, car elles proviennent d'une source de pure énergie. Toutefois, quand les machinations de l'ego corrompent cette énergie, telle une fumée toxique envahissant un pur ciel bleu, ces émotions peuvent rapidement devenir un véritable poison. Dans un état de pure conscience, l'énergie brute des émotions ne peut pas nous faire de mal. Ces émotions et ces afflictions perturbatrices sont le fruit du désir, de la colère, de l'orgueil, de l'envie et de l'ignorance.

DÉSIR

Nous sommes attirés par les objets qui plaisent à nos sens. Le désir obsessionnel, de même que l'attachement qui s'en suit, alimente notre frustration, notre déception et notre douleur. L'énergie du désir n'est en soi ni bon ni mauvais ; toutefois, quand elle est empoisonnée par notre besoin de posséder, elle devient la cause de nos souffrances. Le besoin de posséder vient d'une fissure dans notre perception du monde : le sujet désirant a l'impression d'être séparé de l'objet désiré, ce qui l'amène à éprouver une sensation d'appauvrissement et de manque. Quand nous sommes attirés par des objets soi-disant extérieurs à nous, notre esprit peut facilement se mettre à brûler de désir.

La générosité est l'antidote au désir et à l'attachement obsessifs. Être généreux, c'est être libre de tout attachement et capable de donner sans rien attendre en retour. Le Bouddha enseigne que celui qui est parfaitement généreux ne ressent jamais le besoin de posséder un objet et ne s'attache pas à ce qu'il possède déjà. Au plus haut niveau, la forme suprême de la générosité consiste à accepter tous les êtres tels qu'ils sont, sans la moindre trace d'égoïsme ou de jugement. Porter un intérêt impartial aux autres et se préoccuper sincèrement de leur bien-être sont les marques d'une générosité incomparable.

Commencez par être plus généreux avec vos biens personnels, votre temps et votre cœur. Pour plusieurs d'entre nous, donner généreusement sans arrière-pensée ne nous vient pas naturellement. Voici un exercice que recommandait un maître fort sage à un avare qui avait du mal à faire preuve de générosité.

Tout d'abord, pensez à la chose à laquelle vous êtes le plus attaché, que ce soit votre nourriture préférée ou une montre de grande valeur. Visualisez cet objet dans votre main droite. Dans votre main gauche, visualisez quelqu'un qui a besoin de cet objet. Sans hésiter, faites passer l'objet de votre main droite à la personne dans votre main gauche, et imaginez la joie et les bienfaits que lui apporte votre généreux don. Partagez sa joie et son bonheur. Répétez cet exercice régulièrement, et vous cultiverez un cœur plus généreux.

Voilà un exercice simple, mais efficace, qui peut vous aider à prendre l'habitude de donner librement. Avec le temps, vous commencerez à apprécier la joie que procure le fait de donner aux autres. La pratique de la générosité est une façon efficace de contrecarrer l'esprit d'attachement.

Nous pouvons utiliser la puissance du soleil pour créer de l'électricité, mais ses rayons peuvent également brûler notre peau. Quand nous canalisons l'énergie du soleil de façon intelligente, nous pouvons nous éclairer, même durant les nuits les plus sombres. Si la pure énergie du soleil n'est ni bonne ni mauvaise, la façon dont nous utilisons sa puissance détermine si les résultats seront utiles ou néfastes.

L'énergie du désir peut également nous entraîner dans des directions utiles ou néfastes. Si nous sommes incapables de diriger cette énergie en nous appuyant sur les intentions positives d'un cœur généreux, nous en ferons un usage égoïste. Mais si nos intentions sont nobles, nous pouvons canaliser notre désir pour l'intégrer à notre pratique et espérer atteindre l'illumination pour en faire bénéficier les autres.

Si nous parvenons à reconnaître dans l'objet désiré une simple manifestation de la conscience radieuse, nous pouvons nous libérer du désir qu'il nous inspire. Chacune des cinq émotions perturbatrices peut être purifiée et remplacée par la sagesse qui lui correspond. Selon les enseignements bouddhistes vajrayana[8], le désir est alors transformé en *sagesse discriminante*, et se manifeste par une démonstration d'empathie et de compassion pour les autres. Avec cette sagesse discriminante, nous reconnaissons que l'énergie du désir et l'objet de notre désir ne sont ni séparés ni distincts. Quand nous comprenons cela, le poison du désir devient le nectar de la sagesse.

COLÈRE

Nous éprouvons de la frustration quand nous ne pouvons pas obtenir ce que nous voulons ou quand nous sommes confrontés à quelque chose qui nous déplaît. La frustration peut facilement mener à la

8. Les trois voies bouddhistes sont l'hinayana, le mahayana et le vajrayana. La voie vajrayana propose des méthodes extrêmement efficaces pour atteindre rapidement la pleine illumination au cours de notre vie actuelle.

colère, de même qu'une simple étincelle peut déclencher un violent incendie de forêt. Ceux qui nous empêchent d'obtenir ce que nous désirons sont susceptibles de provoquer notre colère, et quelqu'un qui s'en prend à nos croyances les plus chères peut susciter en nous du ressentiment, de l'agacement et même un sentiment de rage.

La patience est l'antidote à la colère. En tibétain, le mot « patience » signifie « être capable de supporter ». Quand nous ne pouvons pas nous arrêter dans l'espace qui sépare l'objet de notre agacement et notre réaction de colère, nous ne pouvons pas supporter avec patience la situation dans laquelle nous sommes. Il est essentiel de demeurer dans cet espace. Sinon, nous réagissons de manière impulsive et devenons incapables d'envisager calmement l'objet de notre agacement. Quand nous échouons à faire preuve de patience, nous nous laissons entraîner à attaquer ou à nous défendre sous le coup de la colère.

Comme dans le cas du désir, l'énergie qui alimente notre colère est parfaitement pure. Dans notre pratique, il ne s'agit pas de réprimer ou de libérer l'énergie de la colère, mais de reconnaître sa source inaltérée. La corruption vient de l'ego, avec ses goûts et ses dégoûts, ses espoirs et ses craintes. En reconnaissant la nature inaltérée et inconditionnelle de cette énergie, nous pacifions la colère et la transformons en une *sagesse semblable au miroir*. Comme un miroir qui reflète précisément les objets qui sont devant lui, la sagesse-miroir voit la nature de toutes choses sans les déformer. Et la colère devient alors clarté.

ORGUEIL

Quand nous nous sentons insignifiants et que nous manquons de confiance en nous, nous avons tendance à compenser en projetant une image de supériorité. Un garçon qui est jaloux des succès de son frère perd de vue son propre potentiel ; il peut même s'en prendre à son frère en se vantant d'être plus intelligent et plus fort que lui. L'orgueil prend racine en nous quand il nous manque *la sagesse de l'égalité ou de l'identité* des choses, qui perçoit la similitude de tous les phénomènes. Libérés des limites de l'ego, nous découvrons en nous une force et une richesse innées. Nous faisons confiance aux capacités et au pouvoir de notre esprit. Ce pouvoir est présent dans tous les êtres, ce qui veut dire qu'il n'est pas nécessaire d'établir des hiérarchies et de s'y conformer.

Comme le Bouddha lui-même, les personnes les plus satisfaites sont aussi les moins orgueilleuses qui soient. Le Bouddha était un prince qui a renoncé à jouir de ses richesses et à exercer son influence sans la moindre hésitation, dans le but d'atteindre l'éveil spirituel. Il a donné tout ce qu'il avait aux pauvres, ne conservant qu'un pagne, puis il s'est retiré dans la forêt pour méditer. Il avait compris le véritable potentiel de l'esprit et exploité son pouvoir de façon parfaite.

Quand nous parvenons à maîtriser ce pouvoir intérieur, nous n'avons plus jamais l'impression d'être faibles ou incompétents. Nous ne sommes plus enclins à faire des choses inutiles ou idiotes, comme capituler devant les signes extérieurs de la richesse et de la gloire. Nous ne nous laissons plus manipuler ou séduire par les apparences, car nous jouissons d'une richesse et d'une magnificence intérieures. Après avoir atteint ce niveau de confiance, nous faisons l'expérience de la fierté vajra[9].

La fierté vajra n'est pas une fierté ordinaire ; c'est une source infinie d'inspiration et d'abondance. Au-delà de la vanité et de l'arrogance se trouve la fierté vajra de la réalisation, qui vous donne pleinement confiance en votre nature indestructible.

9. Vajra est un mot sanscrit signifiant « semblable au diamant » ou « indestructible ». La fierté vajra consiste à faire confiance à notre nature pure et immuable, qui n'est jamais corrompue par l'arrogance de l'ego.

Vous êtes capable de surmonter tous les obstacles. Vous vous êtes libéré de l'emprise de l'orgueil et vous ne nous sentirez plus jamais supérieurs aux autres.

ENVIE

L'envie est un frein à la réussite matérielle et spirituelle. Quelle est la nature de l'envie, et d'où vient-elle ? Comme les autres émotions afflictives, l'essence de l'envie est fondamentalement pure ; elle est connue sous le nom de *sagesse toute accomplissante*, soit ce qui nous rend capables d'atteindre tous nos objectifs sans effort. Quand nous nous chérissons plus que tout le reste, nos propres désirs égoïstes passent toujours en premier. Nous devenons envieux de ceux qui semblent jouir d'un plus grand bonheur, d'un plus grand succès et d'une plus grande adulation. Nous éprouvons du ressentiment contre notre voisin parce qu'il a de la chance, comme si sa réussite diminuait la nôtre.

Modifier notre attitude peut nous aider à purifier l'énergie destructrice de l'envie. Nous pouvons prendre l'habitude de toujours souhaiter aux autres ce qu'il y a de mieux et nous réjouir de leur bonheur et de leur bonne fortune. Si nous sommes attentifs, nous pouvons percevoir l'envie dès qu'elle se manifeste et rediriger notre énergie vers quelque chose de positif. N'étant plus entravée par la souffrance associée à l'envie, l'énergie exauce alors nos vœux et satisfait spontanément nos besoins ainsi que ceux des autres.

IGNORANCE

Nous avons abordé quatre des cinq afflictions : désir, colère, orgueil et envie. Toutes proviennent de l'affliction de l'ignorance. L'ignorance est la source de toutes les émotions perturbatrices, et dans ce contexte, c'est le manque d'intégration avec la pure énergie qui forme la base de toutes nos expériences. Avec l'apparition de la sagesse, l'énergie cesse d'être déformée par l'ego. Quand les forces dissimulatrices de l'ignorance sont purifiées, la *sagesse de l'espace absolu* se révèle à nous. Les émotions perturbatrices sous leur forme purifiée nous font découvrir les cinq sagesses, un royaume sacré de joie et de liberté. Voici la liste :

Sagesse discriminante
Sagesse semblable au miroir
Sagesse de l'égalité
Sagesse toute accomplissante
Sagesse de l'espace absolu

Vaincre vos ennemis

Respirez profondément, sans vous attarder à penser au passé, au présent ou à l'avenir. De quoi avons-nous encore besoin si nous possédons cette capacité à respirer profondément ? Votre respiration est votre meilleur ami, car elle est inséparable de vous. Tout le reste vous quittera, se désintégrera, disparaîtra. Seule votre respiration restera toujours à vos côtés.

Au sein de chaque respiration se trouve l'essence du guerrier. Les guerriers spirituels ne s'arment pas de mitraillettes et de grenades dans l'intention de vaincre leurs ennemis extérieurs. L'idée de détruire quoi que ce soit ne les intéresse pas. Ils sont plutôt déterminés à comprendre ce qui les détruit eux-mêmes. La colère, le désir, l'orgueil, l'envie et l'ignorance sont les véritables ennemis du guerrier. Les guerriers spirituels font la guerre à leurs émotions afflictives. Ils se sont engagés à découvrir leur nature pure et inconditionnelle. Pour le guerrier, la victoire totale consiste à révéler cette pureté infinie et à demeurer dans cet état. Si un guerrier est inséparable de sa vraie nature, ses ennemis, l'attachement et l'aversion, ne pourront jamais prendre d'assaut sa forteresse indestructible de sérénité.

Trouver la paix en ce monde peut parfois sembler une tâche intimidante et difficile, étant donné que nos émotions perturbatrices nous assaillent sans arrêt, même dans les lieux les plus sereins. SI nous parvenons à attaquer et à vaincre ces ennemis intérieurs, nous trouverons une paix inattaquable, même si tout autour de nous n'est que chaos. Les manœuvres défensives et les tactiques offensives ne seront plus nécessaires, puisque nos vrais ennemis, les émotions perturbatrices, auront été vaincus sur-le-champ. Nous aurons remporté une victoire véritable sans tirer un seul coup de feu.

CHAPITRE 8

Récolter ce que l'on a semé

La loi infaillible du karma

Le karma concerne les actions et leurs conséquences. Nos actions déterminent notre karma dans la mesure où nous récolterons demain ou plus tard ce que nous semons aujourd'hui. Nous devons toujours procéder avec prudence et précaution, car toutes nos pensées, paroles et actions ont des conséquences et nous influencent et influencent les autres. Quand nous agissons conformément à la loi infaillible du karma, nous renonçons à nous comporter de façon égoïste et menons une vie beaucoup plus heureuse.

Il est essentiel de comprendre le karma et la loi de cause à effet. Si vous plantez un pépin de pomme, vous récolterez plus tard de pleins paniers de pommes. Si vous approchez votre main du feu, vous sentirez de la chaleur. Ces relations causales sont évidentes et faciles à comprendre. Mais dans le domaine des pensées et des émotions humaines, les mécanismes du karma sont moins apparents et plus difficiles à saisir. En effet, il est dit que seul le Bouddha parfaitement éclairé peut comprendre toute la subtilité et complexité du karma. Toutefois, nous pouvons réfléchir à nos expériences de vie et comprendre de quelle façon les activités vertueuses mènent au bonheur alors que les actions malsaines causent de la souffrance. Un comportement insouciant et grossier nous vaudra des ennuis tôt ou tard. Si nous tenons compte des conséquences de toutes nos pensées et actions, nous ne ferons jamais de mal à personne.

Chaque pas dans la forêt laisse de petites marques, froisse quelques feuilles, et dérange quelque peu le sol. Tout comme la lumière laisse une empreinte sur la pellicule d'un appareil photo, chacune de nos pensées et de nos actions laisse une empreinte sur notre esprit qui demeure jusqu'à ce que nous ayons fait l'expérience de ses effets karmiques.

Nous devons constamment faire des choix, et aucun de nos choix n'est sans conséquence. Si vous souriez à un inconnu, ce dernier réagira probablement de façon amicale. Si vous affrontez votre adversaire en serrant les poings, vous recevrez peut-être un coup de poing en retour, voire pis encore ! Faites toujours l'effort d'être aimable et prévenant. Comme des dominos dont la chute entraîne celle des autres, les bonnes actions entraînent de bons résultats, et la bonté se met à proliférer. Quand vous comprenez le karma, vous faites l'effort de vous mettre à la place des autres au lieu de toujours insister pour qu'ils fassent les choses à votre façon.

La réalité du karma est indiscutable. Le Bouddha enseigne que toute action a des répercussions, non seulement en cette vie, mais aussi au cours de nos vies futures. Si vous agissez avec l'assurance que vos actions positives auront des conséquences positives, cela fera une grande différence dans votre vie, dans votre famille, dans votre communauté, et dans votre monde. Les actions malsaines nous entraînent dans un monde de souffrance. Si nos actions sont saines en cette vie, nous pouvons donner un élan positif à nos futures incarnations, qui nous rapprochera de plus en plus de l'éveil spirituel.

J'ai récemment entendu l'histoire d'un homme avare qui ne portait que des vêtements usés, qui mendiait sa nourriture et qui ne donnait jamais un sou aux autres, même si son travail lui rapportait un revenu stable. À sa mort, les villageois ont fouillé sa hutte, pensant utiliser l'argent qu'il avait thésaurisé pour payer les coûts de sa crémation et de ses funérailles. Toutefois, à leur grande surprise, ils ne trouvèrent absolument rien. Un peu plus tard, après s'être occupés de sa crémation et de ses funérailles, les villageois sont retournés faire le ménage chez lui. Son lit était fait d'argile et de briques, et sous le matelas se trouvait une petite porte en bois. Après avoir arraché la porte, les villageois ont trouvé une extraordinaire quantité d'argent, gardée par un énorme et terrifiant scorpion ! Les villageois étaient convaincus que l'avare s'était réincarné en scorpion pour garder son précieux trésor.

Dans notre tradition, nous suivons la voie vertueuse qui nous rapproche le plus de notre vraie nature. Nous essayons autant que possible de nous abstenir des pensées et des actions malsaines qui obscurcissent cette nature. Nous gagnons en maturité dans notre pratique spirituelle si nous gardons toujours à l'esprit le principe infaillible du karma et si nous faisons attention à ce que nous pensons et à la façon dont nous nous comportons. C'est pourquoi les grands maîtres demandent souvent à leurs élèves : « Croyez-vous au karma ? » À ceux qui répondent par la négative, les maîtres refusent de transmettre les enseignements sacrés. Quand les élèves ont démontré qu'ils comprennent les mécanismes du karma et qu'ils sont convaincus de son existence, les maîtres leur accordent alors de connaître les enseignements les plus importants et les plus profonds. Si vous receviez ces enseignements sans être convaincu de l'infaillibilité du karma, cela pourrait gonfler votre ego de façon démesurée et devenir une arme à double tranchant qui anéantirait vos chances de libération.

L'égoïsme de l'ego est un terrain fertile pour le karma. Les actions qui ne sont pas motivées par des raisons égoïstes sont des actions pures qui ne feront souffrir personne. Ces actions pures ne créeront pas de karma. Quand nous sommes libérés de l'emprise de l'ego et parfaitement à l'unisson de cette énergie pure et compatissante, nous ne créons plus de karma positif ou négatif, et ne faisons plus l'expérience des conséquences karmiques. Cela ne veut pas dire qu'un être spirituellement éveillé cesse de fonctionner ou se transforme en matière inerte.

Après avoir connu l'éveil spirituel, une énergie illimitée se manifeste sous la forme d'une activité spontanée libre de toute conséquence. L'action éclairée est pure et joyeuse, car elle émane d'un cœur compatissant et soucieux du bien-être des autres. L'énergie circule librement quand elle n'est plus entravée par l'ego, tout comme l'eau d'une rivière s'écoule naturellement quand elle n'est pas bloquée par un barrage. Libérés des contraintes de l'ego, nous manifestons l'énergie d'une parfaite compassion partout dans le monde, en cette vie et dans nos vies futures. Cette énergie compatissante peut se manifester d'innombrables façons ; elle peut prendre mille formes différentes, afin que tous puissent en bénéficier.

Tourner en rond

Quand nous sommes à la merci de nos illusions et de nos désirs, nous tombons dans le cercle vicieux du samsara et adoptons des habitudes malsaines. Nous sommes continuellement tourmentés par des pensées conflictuelles et des émotions troublantes. Nous sommes constamment en mouvement, mais nous n'arrivons jamais nulle part. La vie ressemble à une course sans fin sur un tapis roulant qui ne fait que nous épuiser.

Le samsara est souvent perçu comme quelque chose de dégoûtant, mais cela ne veut pas dire que notre monde est intrinsèquement impur. Privé de la conscience de la nature de l'esprit et de la réalité, le samsara se manifeste sous une forme impure et repoussante. Nous ne sommes pas intégrés à notre expérience d'une façon saine.

Malgré l'angoisse et l'agitation qui nous habitent, nous préférons penser que tout va bien. Pourquoi ne pas nous empiffrer de mets succulents ? Pourquoi ne pas porter les vêtements les plus élégants qui soient ? Pourquoi ne pas avoir le plus de relations sexuelles possible ? Pourquoi ne pas vivre de façon hédoniste ? Toutefois, nous ne pouvons apprécier pleinement quoi que ce soit si nous vivons de cette façon, et plus nous cherchons à nous faire plaisir, plus nous en voulons davantage. Il semble impossible d'échapper à ce sentiment d'insatisfaction, à ce paradoxe de la recherche du plaisir. Si le samsara ne se perpétuait pas de lui-même, nous pourrions y entrer et en sortir à l'occasion. Mais le samsara est une prison, et une fois à l'intérieur, il est très difficile d'en sortir.

Comment échapper à cette course épuisante ? Comment vivre sans s'attirer de conséquences négatives ? Comment profiter de la vie librement, sans développer une dépendance aux plaisirs et s'attacher à ce qui est éphémère ? Il ne tient qu'à nous d'utiliser notre intelligence et de nous libérer des chaînes et de la souffrance du samsara. Personne ne peut le faire pour nous. Comme le disait le Bouddha, soyez une lanterne et un refuge pour vous-même.

Même si nous semblons forts et puissants vus de l'extérieur, nous sommes tous vulnérables. Soyez attentif à cette vulnérabilité, et vous ressentirez davantage d'empathie pour les autres. Voir la vulnérabilité et la beauté dans les yeux de vos semblables vous rendra plus compatissant et vous libérera des liens de la cupidité. Votre compassion éteindra les flammes de la colère et de l'hostilité chez les autres. Vous échangerez avec eux d'une façon amicale et chaleureuse qui satisfera tout le monde. Vous affaiblirez l'emprise de l'illusion samsarique. Tel est le karma, le bon karma.

À l'aube de notre éveil spirituel, la douleur et la fatigue associées au samsara disparaîtront. Nous jouirons d'une liberté et d'un sentiment de satisfaction parfaits, inséparables de chaque instant. Chaque instant sera totalement complet. Telle est la beauté de l'éveil.

Affronter le chaos

Une « courageuse simplicité » pourrait décrire notre première pensée, et un « monde chaotique » pourrait décrire chaque pensée qui suit. Sous l'impulsion du moment, si notre première pensée est pure et complète, cette courageuse simplicité s'occupera de tout. Il n'est pas nécessaire que cette première pensée soit extrêmement ambitieuse ; nous ne sommes pas obligés de souhaiter devenir de grands maîtres spirituels. Nous pouvons laisser notre intelligence rayonner tandis que nous restons dans notre état naturel, sans chercher à tout expliquer. Cela demande du courage parce que cet état élémentaire de simplicité doit nous inspirer une confiance et une conviction sans équivoque.

Il n'est pas nécessaire d'échapper à ce monde chaotique, car la vie serait plutôt ennuyeuse s'il n'y avait pas le moindre désordre. Nous ne sommes pas des robots ; nous sommes des êtres humains dotés d'un cerveau qui génère sans cesse de nouvelles pensées. Nos pensées nous fournissent une suite ininterrompue d'occasions de devenir plus forts et de développer de nouveaux talents. Le problème n'est pas le chaos lui-même, mais l'idée que nous ne sommes peut-être pas capables de l'affronter.

Quand nous avons des ennuis, nous nous appuyons sur notre pratique spirituelle. Mais quand tout va bien, nous oublions de méditer. Nous sommes inconstants, tels des amis peu fiables. Mais vous ne pouvez pas vous permettre d'être pour vous-même un ami peu fiable si vous voulez affronter courageusement ce monde chaotique. Nous pouvons donner un nouvel élan à notre pratique spirituelle en nous rappelant que c'est pour nous une occasion de reprendre notre pratique, que la vie est brève et que la mort est toute proche.

Il vous arrivera peut-être au cours de votre vie de vous sentir épuisé et vaincu par l'agitation de vos pensées agitées et la violence de vos émotions. Si vous parvenez à lâcher prise et à tourner la page, vous pousserez un profond soupir de soulagement et pourrez à nouveau vous détendre. Si vous avez le courage d'accepter la simplicité, vous trouverez le courage d'affronter n'importe quoi, peu importe ce que la vie vous réserve. Vous affronterez la maladie, la tristesse et le désespoir — et accueillerez la joie, le succès et la réussite — sans la moindre difficulté. Il s'agit simplement de tout accepter. Alors, vous en viendrez à voir tous les aspects de la vie sous la forme d'une danse envoûtante.

Les grands maîtres et les sages du passé sont considérés comme des libérateurs parce qu'ils se sont émancipés de la souffrance et ont aidé les autres à faire de même. Ces maîtres refusaient les compromis. Ils avaient confiance en leur capacité à voir le monde et à l'affronter exactement tel qu'il est. Nous devrions essayer de les imiter. En examinant la source de leur force, nous découvrirons notre propre source. Affronter le monde tel qu'il est, voilà ce qui rend libre. Cette courageuse simplicité sera nôtre quand nous l'aurons découvert en nous. Nous pourrons alors vivre simplement dans un monde chaotique.

RÉGLER AVEC PRÉCISION

Régler avec précision notre comportement est le meilleur moyen d'avancer vers l'éveil spirituel. Le Bouddha lui-même disait : « Resserrer, resserrer, puis relâcher, relâcher. » Quand nous serons parfaitement à l'unisson de la vie, nous n'aurons plus besoin de procéder à de nouveaux ajustements. En attendant d'atteindre cet état de parfait équilibre, nous devons travailler sans relâche à devenir de plus en plus authentiques. Nous devons éviter les mensonges et les faux-semblants. Nous devons affronter ce qui est devant nous sans en faire une montagne.

Pendant que vous réglez avec précision votre comportement, évaluez vos progrès. Êtes-vous plus tolérant et attentionné ? Êtes-vous plus décontracté et ouvert au changement ? Comme un espion, vous devriez vous surveiller constamment. Dès que vous vous rendez compte que vous êtes agacé ou désagréable, dites-vous : « Arrête. Je ne veux plus jouer les bonnes d'enfants avec toi. Je m'y applique depuis plusieurs vies, depuis des siècles ! Ça suffit ! » N'ayez pas peur d'avoir recours à l'autodérision jusqu'à ce que vous ayez dompté votre ego et appris à vous maîtriser.

N'arrêtez jamais de vous encourager et soyez toujours vigilant, quelle que soit votre approche. Demandez-vous : « Suis-je en train de faire quelque chose de mal ? » Quand vous sentez que vous êtes encore quelque peu égoïste, reconnaissez cette mesquinerie en vous et éprouvez aussitôt du regret. Nos maîtres nous ont enseigné que ce karma négatif n'avait en soi rien de bon. Toutefois, nous pouvons purifier notre karma négatif en reconnaissant nos actions malsaines et en exprimant un regret sincère. C'est la seule qualité qui rachète quelque peu le karma négatif.

Soyez toujours attentif à la façon dont vous vous comportez dans la vie. Cela ne veut pas dire que vous cesserez de créer du karma. Vous n'êtes pas obligé de vous lier les mains ou de devenir un bloc de glace ; ne prenez pas les choses au sérieux à ce point. Soyez simplement vigilant et voyez si des relents d'égoïsme influencent encore vos pensées, vos paroles et vos actions. Si vous voulez vivre une vie sans souci, débarrassée des causes de la souffrance, vous devriez toujours faire preuve de discernement et comprendre l'inutilité de vos façons de penser égoïstes.

CHAPITRE 9

Parfaite liberté

Se libérer de la dualité

Nos pensées et nos émotions sont des expressions de pure énergie, mais quand nous nous identifions à nos concepts et à nos sentiments, nous ne pouvons pas danser librement avec cette énergie. Nous acceptons ou rejetons de manière impulsive le contenu de nos expériences. Poussé à l'extrême, le mode de pensée dualiste nous empêche d'entretenir une relation directe et spontanée avec le moment présent. Les notions qui créent de la division — gains et pertes, plaisir et douleur, goût et dégoût, haut et bas — obscurcissent la clarté de la pure nature de l'esprit. La dualité fondamentale est celle de l'existence d'un « moi » et d'un « toi ». Toutefois, quand nous sommes vraiment en symbiose avec le moment présent, il n'y a plus ni « moi » ni « toi ».

Dans la tradition bouddhiste, nous entreprenons notre voyage spirituel en trouvant refuge dans les Trois Joyaux[10]. Durant notre vie, nous trouvons toujours refuge dans quelque chose. Nous cherchons sécurité et protection auprès de nos amis, de notre conjoint, dans notre travail ou dans notre maison. Dans certaines cultures très anciennes, les gens trouvaient refuge dans le soleil et la lune, ou dans les animaux, les arbres et les montagnes. Sur la voie spirituelle, nous reconnaissons dans nos maîtres le seul refuge

10. Les Trois Joyaux sont le Bouddha, le Dharma et le Sangha. Nous trouvons refuge ou protection dans le Bouddha, le maître; le Dharma, les enseignements; et le Sangha, la communauté de ceux qui suivent la voie du Bouddha.

vraiment infaillible, puisqu'ils sont à même de nous guider vers un bonheur et une liberté durables. Pour certains, trouver refuge auprès d'un maître peut sembler une rechute dans le dualisme, puisque nous considérons que le maître est plus avancé, plus sage et plus vertueux que nous. Toutefois, ces maîtres sont le reflet de notre propre sagesse innée. Quand nous trouvons refuge auprès d'un maître, nous nous mettons en fait sous la protection de notre propre potentiel à connaître l'éveil spirituel[11].

Le refuge suprême consiste à se libérer de la dualité elle-même, mais nous devons parfois faire les choses progressivement, comme l'enfant qui grandit et se développe petit à petit. Suivre une voie spirituelle de façon progressive nous introduit à l'univers joyeux de la non-dualité. Les nuages qui accompagnent les concepts dualistes disparaissent, et nous faisons alors l'expérience d'une pure perception non dualiste.

Quand vous comprendrez votre vie de façon intelligente — libéré des extrêmes —, vous serez capable d'affronter chaque nouveau défi. Vos regrets et vos espoirs ne brouilleront plus votre regard. Vous n'oscillerez plus entre peur et espoir. Ne plus espérer ne signifie pas devenir indifférent ou cesser de s'impliquer dans le monde. La plupart du temps, l'espoir provient d'un sentiment de manque et du désir de quelque chose de plus. Si vous attachez de l'importance à votre vie et que vous êtes satisfait de ce que vous avez, l'espoir ne disparaîtra pas. Il cédera simplement la place à un nouvel esprit d'aventure. Être aventureux, c'est être ouvert et éveillé, être capable de danser brillamment avec chaque expérience. Vous acquerrez les jambes et les pieds d'un grand danseur.

La lune nous apparaît sous plusieurs aspects ; parfois lumineuse et pleine, parfois simple croissant de lumière. Quand

---

11. Il sera question du rôle du maître au chapitre 14.

la lune est pleine, vous n'essayez pas de retenir toute cette beauté, car vous savez qu'elle croît et décroît continuellement. Mais plus important encore, vous appréciez cette transformation dans toute sa splendeur. Parce que vous comprenez, vous vous situez par-delà peur et espoir. Vous avez transcendé les extrêmes de la dualité, qui est l'expression de la vraie liberté.

SOUVENEZ-VOUS DU MOMENT PARFAIT

La pensée qui surgit spontanément ne repose sur rien de solide. Quand vous en serez conscient, cette pensée s'évanouira d'elle-même. À cet instant surgissent clarté et luminosité[12], et vous vous retrouvez dans un espace pur et vide. Qu'entendons-nous ici par vide ? En fin de compte, la vraie nature de tous les phénomènes dépasse notre capacité descriptive ; par conséquent, les choses sont « vides » en cela qu'elles ne correspondent à aucun concept fixe. Nous ne faisons qu'attribuer des qualités, des caractéristiques et des étiquettes aux choses que nous percevons. Quand nous comprenons qu'elles n'ont pas de véritable existence, nos pensées n'ont plus le pouvoir de nous tromper ou de nous troubler.

Les pensées décousues nous perturbent parce qu'elles nous entraînent encore et encore dans le domaine des illusions et de la souffrance. Nous devons nous libérer des contraintes de la pensée, mais nous ne pouvons pas nous en libérer en essayant de réprimer nos pensées. Nous devons plutôt prendre conscience de l'essence de ces pensées si nous voulons qu'elles

12. Ici, luminosité renvoie à la clarté et à l'aspect connaissant de l'esprit. On dit que les phénomènes sont des déités lumineuses, dans la mesure où tout ce que nous percevons est une expression de la clarté et de la capacité cognitive de l'esprit.

s'évanouissent d'elles-mêmes. Comme un serpent qui se déroule, cela se produit naturellement. C'est l'enseignement suprême du Bouddha, connu sous le nom de « voie sans effort ».

Étant donné que les pensées s'évanouissent de façon naturelle, nous n'avons pas besoin de faire le moindre effort. Toutefois, cela ne veut pas dire que vous pouvez être paresseux et indiscipliné. Dans notre tradition, ce n'est pas du tout recommandé ! Les gens ont tendance à comprendre de travers cet enseignement au point d'y voir une excuse pour ne rien faire. Ils ne comprennent pas ce que signifie ici « sans effort ». Pour suivre cette voie, vous devez être raisonnable, organisé et appliqué. Un danseur élégant qui s'exécute avec facilité doit néanmoins s'exercer régulièrement pour conserver sa flexibilité et sa robustesse. Pour la plupart des gens, la « voie sans effort » demande l'effort de pratiquer la méditation. Grâce à la discipline de la méditation, ce qui n'était qu'une compréhension conceptuelle devient quelque chose dont nous faisons directement l'expérience. Nous allons au-delà de l'intellect pour faire directement l'expérience de la véritable essence de l'esprit.

Soyez vigilant et rappelez-vous de vous poser la question suivante : « Qui est ce « je » qui fait l'expérience de tout cela ? » Métaphoriquement parlant, ressaisissez-vous en faisant claquer le fouet de la conscience. Dès que vous entendrez le fouet claquer, dites-vous : « Je suis encore tombé dans le piège du « je » ». Vous vous rappellerez alors qu'il n'y a pas de « je ». Et spontanément, vous retrouverez la fraîcheur de la pure présence !

Sur le plan relatif, nous nous préoccupons constamment du « je » et de ses expériences. Il est difficile de se souvenir du *moment parfait*. Chaque moment est un moment parfait, mais nous passons à côté parce que nous nous laissons distraire par nos commentaires mentaux. Nous nous perdons dans le samsara parce que nous oublions de nous souvenir, et nous cessons d'être attentifs. Avec une pure conscience, toutes nos perceptions sont parfaites et complètes. Mais nous tournons en rond dans un tourbillon de distractions. C'est le samsara. Vous ne trouverez pas le samsara au coin d'une rue de New York, car il apparaît dans l'esprit. Délivrez-vous du samsara en travaillant avec votre esprit. Il est impossible de faire l'expérience de cette perfection à moins de s'en délivrer.

Satisfaction spontanée

Nous sommes souvent déçus de nos vies parce que nous n'avons pas encore découvert notre perfection naturelle. Quand nous prenons conscience de cette perfection, tout *devient* nous-même, tout *devient* notre création. Il y a alors de la beauté dans les larmes et les éclats de rire. De la beauté dans la naissance et la mort. Tout nous guide, nous instruit et nous soutient. Nous ne faisons plus qu'un avec tout ce qui existe.

Votre pratique doit consister *à ne faire qu'un avec tout ce qui existe.* Votre pratique ne consiste pas à accepter ou à rejeter quoi que ce soit en vous disant : « Ce n'est pas bon, je n'en veux pas » ou « C'est une bonne chose, j'en voudrais ». Vous devez abandonner la dualité du vouloir et du non-vouloir, et vous tourner plutôt vers la véritable joie. Cette joie est si profonde que vous ne sentirez ni le besoin de vous y raccrocher ni la crainte de la perdre. Vous aurez trouvé votre trésor inépuisable — la lanterne qui réalise tous vos souhaits — et vous ne manquerez plus jamais de rien.

Vous aurez confiance en vous et vous ne vous sentirez jamais démuni. Vous serez spirituellement riche, même si votre compte bancaire est vide. Telle est la vision du monde de la Grande Perfection. La Grande Perfection, ou en tibétain, *Dzogchen*, est le sommet de l'enseignement bouddhiste : la vision selon laquelle il n'y a rien à ajouter ou à retrancher puisque tout est parfait. C'est la voie suprême pour prendre conscience de la nature claire et lucide de l'esprit. Il ne s'agit pas de renvoyer dos à dos perfection et imperfection. Au contraire, *le monde est parfait tel qu'il est.* Tout est merveilleusement évident et magnifiquement organisé. Vous ressentez alors une grande humilité et satisfaction. Vous n'avez pas besoin de vous raccrocher à la vision de la Grande Perfection. Vous n'avez pas besoin de vous identifier à quoi que ce soit. Par conséquent, vous avez tout ce dont vous avez besoin. Vous êtes vraiment parfait.

L'HERBE N'EST PAS PLUS VERTE AILLEURS

Si nous voulons faire l'expérience d'une parfaite liberté, nous ne devons pas perdre le contact avec le moment présent. Chaque instant est parfait en lui-même. À l'instant même, nous pouvons jouir d'une parfaite liberté si nous acceptons le bonheur et la tristesse, le plaisir et la douleur, tels qu'ils sont. Mais la plupart du temps, nous escamotons l'instant présent en essayant généralement de faire revivre le passé, de manipuler le présent ou de deviner ce que nous réserve l'avenir. Il est difficile de s'identifier au moment présent dans ces conditions, et par conséquent, nous avons peu de chance de faire l'expérience d'une entière liberté. Régir naturellement et spontanément à chaque instant est la forme suprême de la liberté.

S'entraîner pour un marathon, se préparer à partir en voyage ou étudier avant un examen ne sont pas de simples moyens en vue d'une fin ; ce sont des moments qui doivent être vécus pleinement pour ce qu'ils sont. L'herbe n'est pas plus verte ailleurs. Quand nous sommes dans notre véritable état naturel, aucun moment n'est plus vert que le moment présent ! Il n'y a pas d'exception, peu importe ce que vous vivez. Le moment présent est tout.

Imaginez l'indépendance dont vous jouirez et la joie que vous ressentirez quand vous vous identifierez directement au moment présent. Étant totalement dans le moment présent, vous resterez calme même si vous devez mourir l'instant d'après. La durée de notre vie n'a pas d'importance ; ce qui compte, c'est notre qualité de vie. Être complètement dans le moment présent, c'est être vraiment vous-même.

La graine de la fleur de lotus peut demeurer en état de dormance pendant très longtemps. Toutefois, quand elle tombe dans un sol fertile, et qu'il y a suffisamment d'eau et de chaleur, la graine donne naissance à une magnifique fleur. Peu importe que vous ayez été confus jusqu'ici, ce n'est pas grave ; car à présent, vous avez l'occasion d'y voir clairement, d'être vraiment vous-même. Tout le monde veut jouir de cette courageuse liberté. Être éveillé signifie vivre librement et complètement le moment présent.

VIVRE SANS ATTACHES

Au cours de notre vie, nous nous identifions aux rôles que nous jouons dans la société. Nous pensons à nous-mêmes en tant que professeurs ou étudiants, maîtres ou disciples, amis ou amants. Comme des comédiens sur une scène, nous jouons plusieurs rôles, mais nous prenons rarement le temps de nous rappeler que nous sommes simplement des êtres humains qui respirent.

Au moment de pousser notre dernier soupir, aucun de ces rôles ne nous apportera le moindre sentiment de réconfort ou de sécurité. Se raccrocher à ces concepts limités et ces circonstances relatives est une source de tristesse et de chagrin. À l'heure de notre mort, si nous sommes attachés à des notions renvoyant à l'existence d'un « je », il nous sera encore plus difficile de pousser ce dernier soupir et nous ressentirons une douleur atroce.

Quand nous serons absolument certains que nous n'en avons plus pour longtemps, nous apprécierons la valeur et la profondeur de notre être. Cela transcende toutes les cultures, toutes les ethnies et toutes les sociétés. La véritable intelligence nous donne la liberté de vivre l'instant présent, où nous ne sommes pas définis ou limités par nos rôles ou nos responsabilités. Quand nous pousserons notre dernier soupir, nos succès et nos biens matériels n'auront plus d'importance pour nous, alors pourquoi accepter maintenant de se laisser paralyser par tout cela ? Pourquoi ne pas vivre librement et joyeusement le moment présent ?

Avez-vous déjà respiré parfaitement ? Vous pensez peut-être être une personne unique, mais si vous n'avez jamais respiré parfaitement, vivez-vous pleinement ? Nous respirons rarement de manière consciente, mais respirer pleinement procure un profond sentiment de joie. Il n'est pas nécessaire de foncer à toute vitesse dans la vie, d'atteindre des objectifs ambitieux tous les jours. Peu importe ce que vous avez accompli, vous éprouverez toujours un sentiment d'inachèvement. Mais à l'instant où vous respirez pleinement, la confusion se dissipe et les turbulences prennent fin. Dans l'immédiateté de votre respiration, tout s'accomplit de façon spontanée.

Quand nous respirons de cette façon, nous ne nous lassons pas des rôles que nous jouons. Au lieu de toujours faire des histoires pour des riens, nous trouvons que les choses sont acceptables telles qu'elles sont. Nous pouvons faire face aux perturbations et négocier des accords. Respirer est une expression de la vie, et nous ne pouvons pas entrer en conflit avec les autres quand nous en sommes conscients, car en tant qu'êtres qui respirent, nous sommes tous égaux. Quand nous prenons conscience que tous les êtres qui respirent sont nos amis, nous faisons ce qu'il faut pour accommoder tout le monde. Je crois que si nous sommes capables de respirer de façon insouciante, nous aurons une longue et heureuse vie.

Tournez-vous vers la liberté

Ouvrez les bras à la liberté. Essayez de ne pas compter sur un quelconque confort matériel. Apprenez plutôt à trouver satisfaction dans le fait de vous unir à votre nature inconditionnelle. De cette façon, plus vous serez exigeant envers vous-même, plus vous développerez votre confiance en vous. À l'inverse, plus vous serez attaché à votre mode de vie, plus vous serez dépendant des circonstances extérieures. Quand nous prenons conscience de ce qui mérite vraiment notre attention, nous évitons tout ce qui nous accable, restreint notre liberté et obscurcit notre vraie nature.

Nous changeons d'idée d'un jour à l'autre. Ce qui nous plaît aujourd'hui nous peinera demain. Notre mode de pensée ordinaire nous invite à croire que des circonstances contingentes peuvent être fiables et stables. Toutefois, tout ce dont nous dépendons et que nous chérissons change constamment et s'évanouit, nous laissant désorientés et abattus.

Soyez attentif à vos désirs et à vos besoins, tout en gardant à l'esprit l'inévitabilité du changement et l'impermanence des choses. Réfléchissez à la futilité de ce qui est provisoire. Considérez toutes les apparences comme des apparitions ou des mirages. Si vous vous dirigez vers un mirage, vous n'y trouverez pas d'eau, seulement du sable. De même, tout ce dont vous faites l'expérience — votre jeunesse, votre force, vos connaissances, votre richesse, vos amis, votre famille et vos succès — est pareil à des visions aperçues en rêve ou à des arcs-en-ciel translucides. Rien ne dure éternellement. Tandis que vous dormez, il se peut que vous rêviez que vous tenez dans votre main un diamant étincelant et inestimable, mais dès que vous ouvrez les yeux, vous savez que votre main est vide. Si vous faites confiance à votre vraie nature inconditionnelle, le fait que votre main soit vide aura pour vous valeur de témoignage et renforcera votre confiance en vous. Toutes les choses auxquelles nous nous raccrochons en ce monde ont aussi peu de consistance qu'un objet aperçu en rêve.

Si vous considérez les apparences comme de simples mirages, elles ne pourront ni vous enthousiasmer ni vous tourmenter. Vous développerez un solide sens de l'humour et vous comprendrez la plaisanterie, comme on dit. Tout ce que vous apporte votre pratique — calme, joie, lucidité — doit aussi être perçu comme quelque chose de fantasmagorique. Mais le plus beau rêve est celui de l'éveil spirituel. Après tout, l'éveil spirituel est aussi un rêve. Paradoxalement, nous parlons d'atteindre l'illumination, mais il n'y a pas vraiment d'illumination à atteindre.

En fin de compte, la nature de votre être est ineffable ; vous ne pouvez pas l'exprimer, mais vous pouvez en faire l'expérience. Quand vous faites l'expérience de ce rêve merveilleux, il se peut que vous fassiez toutes sortes de rêves ou que vous ne rêviez pas du tout. Néanmoins, peu importe ce que vous faites, vous connaîtrez la joie et la liberté. Vous ne prendrez rien ni trop au sérieux ni trop à la légère. Vous trouverez toujours le point d'équilibre. Dans cette oasis où tout est en équilibre, vous ferez l'expérience de votre vraie nature : la source d'une authentique libération.

Qu'est-ce que l'auto-libération ?

S'auto-libérer signifie vivre entièrement dans le moment présent. À strictement parler, il n'y a pas de « moi » et personne n'a besoin de s'en libérer, puisque le moi est déjà libéré dans l'instant. L'instant est libéré quand on est pleinement présent, délivré de l'emprise de l'égocentrisme. Quand on vit librement le moment présent, le stress et l'angoisse disparaissent.

Nous perdons de vue le moment présent quand nous cherchons à obtenir quelque chose de « mieux ». Toutefois, si le moment est parfait, nous avons tout ce qu'il nous faut et *nous nous réalisons pleinement dans l'instant.* La réussite sociale ne peut pas nous satisfaire à elle seule ; toutefois, une relation parfaite et sans complaisance avec le moment présent peut nous apporter un sentiment de satisfaction durable.

Si nous ne pouvons pas être pleinement dans le moment présent, nous nous sentirons toujours incomplets et privés de quelque chose. Il est facile de parler de ces choses, mais nous pouvons facilement nous leurrer et penser que nous avons saisi l'essence de cette réalité parce que nous comprenons les termes et les concepts utilisés pour la décrire. Ces termes peuvent être précieux, mais si nous sommes prisonniers d'une « cellule en or massif », nous ne sommes pas libres[13].

---

13. La « cellule en or massif » est une métaphore que l'on utilise pour décrire la situation de ceux qui ont une compréhension intellectuelle des enseignements du Bouddha, mais qui n'ont pas encore réalisé directement ce qu'ils signifient.

Notre compréhension conceptuelle est fort limitée. La libération est possible uniquement si nous sommes capables de vivre librement, dans l'immédiateté du moment présent. Nous devons assimiler et incarner cette vérité nue[14].

L'essence de chaque instant est profonde et vaste. Demandez-vous : « Ai-je le courage de me libérer du passé, de l'avenir et même du présent ? Suis-je prêt à aller au-delà des concepts de « moi » et de « toi » ? Ai-je l'audace d'aller au-delà de l'intellect et des émotions afin de faire l'expérience de cette essence véritable ? » Libérer chaque instant est au cœur de cette tradition. Nous nous exerçons à nous libérer de nos désirs, de la colère, de l'envie, de l'orgueil et de l'ignorance.

Sur quoi s'appuie-t-on pour libérer chaque instant ? Les conques sont blanches dès leur création et demeurent blanches même si elles demeurent enfouies dans la terre et la boue pendant des siècles. Votre nature innée est pareil à une conque blanche : primordialement immaculée et parfaite. Quand vous parviendrez à voir cette pureté, tout se libérera spontanément dans l'instant. Autrement dit, rien ne vous empêchera d'être vous-même et de vivre pleinement le moment présent. Chaque instant de votre vie est parfait, et reconnaître cette perfection est à la base de l'auto-libération.

14. La méditation est d'une aide précieuse pour préserver la conscience du moment présent. Il en sera question au chapitre 10.

Ne se raccrocher à aucun point de vue

Les maîtres qui s'inscrivent dans la lignée de la Grande Perfection insistent toujours sur le fait que nos responsabilités et notre mode de vie ne sont pas d'une importance cruciale. L'important est d'embrasser notre véritable essence. Vous n'avez pas besoin d'acquérir quoi que ce soit; vous n'avez qu'à prendre conscience de la richesse qui est déjà en vous. Cet enseignement affirme que notre nature essentielle est pure et parfaite de façon intemporelle. Cette pureté parfaite ne requiert aucune fabrication, car elle existe et se maintient par elle-même. Ne faire qu'un avec cet état parfait est la solution par excellence pour chasser tous nos problèmes, le remède à toutes les maladies.

Du point de vue de la Grande Perfection, toutes les choses sont parfaites là où elles sont. Si votre camarade de chambre ronfle, il ronfle… rien de plus. Vous n'êtes pas obligé d'en rajouter. Vous pouvez suivre le rythme et l'accepter. Les ronflements de votre camarade peuvent être aussi beaux qu'un chant grégorien. Tout possède sa propre magie inexprimable, et tout est possible. Si vous insistez pour dire que les choses devraient être différentes, vous vous raccrochez à votre propre version imaginaire de la réalité. Dans la Grande Perfection, on ne se raccroche à aucun point de vue. Si vous vous cramponnez à un point de vue, cela veut dire que vous refusez de reconnaître ou d'accepter les choses telles qu'elles sont.

La tradition de la Grande Perfection respecte au plus haut point la nature pure et innée de chaque individu. Elle reconnaît la bonté fondamentale de tous les êtres humains. Finalement, il n'y a rien de « bon » à établir ni rien de mauvais à éliminer. Pour ce qui est de découvrir notre nature innée, ces enseignements ne portent pas sur l'atteinte de quoi que ce soit, car nous ne pouvons pas construire ce qui est inconditionnel et qui existe de toute éternité. Vivre sans s'appuyer sur un idéal de progrès ou de perfectionnement de soi n'est pas facile, car nous devons alors mettre toute notre confiance dans la perfection des choses exactement telles qu'elles sont.

On m'a demandé un jour avant un enseignement : « Vous préparez-vous à l'avance avant de prendre la parole ? » Et j'ai pensé : « Voilà une bonne question ! » Peut-on vraiment se préparer, et si oui, se préparer à quoi ? Si je me prépare pour dire des choses gentilles aux autres, je perds ma liberté et deviens leur esclave. Donc, la réponse est non, je ne sens pas le besoin d'élaborer quoi que ce soit à l'avance. Je partage simplement avec les autres la bonté de mon maître afin de leur donner un aperçu de la liberté parfaite.

CHAPITRE 10

La méditation comme mode de vie

Méditer est nécessaire

Il n'est pas suffisant de simplement étudier les enseignements ; on doit les vivre. Après avoir acquis une certaine compréhension des enseignements, nous devons faire preuve de discipline et pratiquer la méditation. La plupart d'entre nous ne sont pas capables d'incarner ces enseignements du jour au lendemain. Nous en avons peut-être une compréhension conceptuelle, mais nous ne sommes pas en mesure de traduire immédiatement cette compréhension en action. Un cuisinier débutant ne peut pas simplement lire une recette et s'attendre à cuisiner comme un grand chef. Il devra d'abord faire ses armes dans la cuisine et apprendre à utiliser les ustensiles et à combiner les bons ingrédients. Pour intégrer ces enseignements dans nos vies, nous devons apprendre les bonnes méthodes et pratiquer la méditation.

Si vous n'actualisez pas ces enseignements en les mettant en pratique, il se peut que vous vous retrouviez complètement sans défense quand vous rencontrerez des obstacles, comme un petit enfant au milieu d'un champ de bataille. Si vous pratiquez la méditation, votre esprit retrouvera progressivement son état naturel, à l'abri des pensées et des émotions dérangeantes qui l'assaillent. Sans la discipline de la méditation, notre propre esprit peut facilement nous jouer des tours. Penser avoir saisi l'essence de ces enseignements alors que nous avons simplement compris les mots utilisés pour les décrire est sans doute le pire des pièges.

Pour éviter de vous leurrer vous-même, prenez ces enseignements à cœur et mettez-les en pratique dans votre vie. Nous pensons peut-être être très intelligents ; nous savons tous à quel point l'esprit peut l'être ! Toutefois, quand nous arrêtons de nous duper nous-mêmes, nous devenons notre meilleur ami. Une fois que nous savons où aller et sur quoi nous concentrer, nous ne cessons de voir le monde qui nous entoure de plus en plus clairement.

Pratiquez la méditation afin de calmer votre esprit et de mieux saisir la vraie nature de l'esprit. La méditation n'est pas l'alpha et l'oméga de toute pratique spirituelle, mais c'est un outil puissant qui peut nous faire accéder à une profonde sagesse. Cela dit, vous ne devriez pas avoir de préférence pour ou contre la méditation. Si vous êtes réticent à l'idée de méditer ou si vous préférez ne pas méditer parce que vous trouvez cela ennuyant et oisif, vous êtes vraisemblablement embourbé dans votre façon habituelle de voir les choses. Vous êtes attaché à l'idée de ne pas méditer, de sorte que vous n'arrivez même pas à franchir le premier obstacle. Qu'elles soient influencées par la peur, la paresse ou l'image que votre ego se fait de votre propre développement, vos habitudes vous entraînent vers le fond, comme un piètre nageur aspiré sous la surface de l'océan par un fort courant marin. Sur le champ de bataille spirituel, vous vous retrouverez sans défense, et serez rapidement vaincu par vos pensées et vos émotions. Si vous n'arrivez pas à vous discipliner, vous perdrez tout sentiment de dignité.

Je vous conseille de vous traiter vous-même avec bienveillance ; prenez ces enseignements à cœur. Intégrez la pratique de la méditation dans votre vie. Cela vous fera du bien, de même qu'à vos collègues, à vos amis et aux membres de votre famille. Cela peut même faire du bien à vos ennemis.

Je vous encourage donc à pratiquer la méditation. Avec de la bonne volonté et un peu de persévérance, vous ferez l'expérience d'un flot incessant de bienfaits et de bénédictions. Faire de ces enseignements une partie intégrante de votre vie vous maintiendra dans un état de satisfaction permanent. N'allez pas croire que c'est quelque chose d'inatteignable, car en réalité, nous avons tous le potentiel nécessaire pour actualiser notre vraie nature et nous libérer des émotions perturbatrices qui sabotent notre tranquillité d'esprit. Personne, pas même le bouddha Shakyamuni, n'a le monopole de cette essence. Cette essence est inhérente à chacun de nous. Si vous êtes appliqué et consacrez du temps et de l'énergie à cette pratique, vous ferez l'expérience de résultats libérateurs.

Apprendre à se concentrer : une méditation de base

C'est une erreur de penser que la pratique de la méditation est simplement une méthode pour se détendre et atteindre un sentiment de paix personnel. Abordez la pratique de la méditation avec une attitude généreuse. Chaque fois que vous vous assoyez pour méditer, faites de votre pratique une offrande à tous les êtres humains. Prenez conscience du fait que tout le monde cherche un moyen de trouver le bonheur, tout comme vous. La méditation est un moyen pour y parvenir. La pratique assidue de la méditation vous apportera un sentiment de joie, et un état d'esprit joyeux fera naturellement du bien à ceux qui vous entourent. Prenez la résolution de méditer en adoptant cette attitude généreuse.

Quand nous commençons à méditer, nous devrions d'abord apprendre à nous concentrer. Il faut un peu de discipline pour demeurer attentif à l'instant présent et en faire pleinement l'expérience. La plupart du temps, nous sommes incapables de fixer notre attention et un rien nous distrait. Notre esprit vagabonde, et nous nous laissons facilement subjuguer par nos pensées et nos perceptions. Bref, nous avons du mal à demeurer concentrés.

Il existe plusieurs façons de pratiquer la méditation. Explorons une première approche. Assoyez-vous droit. Commencez par respirer normalement. Lentement, adoptez un rythme régulier en inspirant et en expirant vingt et une fois. Collez délicatement le bout de votre langue au palais. Si vous vous mettez à sommeiller, votre langue retombera et vous réveillera. Gardez le bout de langue en contact avec le palais et concentrez-vous. Si possible, assoyez-vous les jambes croisées, gardez les yeux ouverts, et regardez droit devant vous, au bout de votre nez. Je vous recommande de ne pas fermer les yeux. Si vous vous retrouviez face à face avec un tigre dans la jungle et que la peur vous envahissait, fermer les yeux ne ferait pas disparaître le tigre. De même, quand vous méditez, fermer les yeux ne fait pas disparaître les pensées et les émotions qui vous empêchent de vous concentrer. En gardant les yeux ouverts, vous demeurez alerte et prêt à faire face à n'importe quel défi. Vous avez peut-être l'impression que vous méditez plus efficacement les yeux fermés, mais plus probablement, vous ne méditez pas mieux, vous dormez mieux.

Quand vous aurez pris le rythme de votre respiration et de votre corps, concentrez-vous sur un objet précis, par exemple, sur le Bouddha. Il peut s'agir d'une statue ou d'une représentation mentale. Vous pouvez choisir un aspect en particulier, tel que le doux regard du Bouddha ou ses cheveux dorés. Quand vous vous rendez compte que votre esprit est en train de vagabonder, ramenez-le doucement vers cet objet. Si vous vous mettez à penser à votre portefeuille d'actions ou si vous vous rappelez tout à coup que vous avez oublié de mettre le lave-vaisselle en marche, ramenez votre attention vers l'image du Bouddha. La valeur de votre portefeuille est une affaire bassement matérielle et la vaisselle peut attendre. L'esprit tourne tout le temps en rond comme un singe agité. Évidemment, cette pratique est assez difficile. Observez pendant combien de temps vous pouvez vous concentrer sur l'objet de votre attention sans vous laisser distraire. Si vous parvenez à maintenir votre attention pendant cinq minutes, vous êtes déjà passablement doué ! Mais vous allez probablement perdre de vue l'objet sur lequel vous vous concentrez, sautant d'une pensée à l'autre, comme un singe bondissant d'arbre en arbre. Demeurer concentré sur l'objet sans se laisser distraire est très difficile ; cela demande toute votre attention et beaucoup de détermination. Au cours de la journée, vous pouvez vous exercer à cette technique de méditation chaque fois que vous avez un peu de temps libre.

Méditez aussi longtemps que vous en avez envie. Toutefois, au début, pratiquez pendant de courtes périodes d'environ cinq minutes. Après avoir médité pendant cinq minutes, vous aurez peut-être l'impression d'être obligé de lutter contre votre esprit. Si c'est le cas, détendez-vous et dites-vous : « Espèce d'enfant gâté, va où tu veux ! » Laissez alors votre esprit vagabonder jusqu'à Paris, New York ou Shanghai si tel est son désir. Vous pouvez bouger, vous étirer, danser ou lâcher votre fou. Quand vous vous sentirez revigoré, recommencez à méditer pendant encore cinq minutes. Procédez ainsi — en vous concentrant, puis en vous accordant une période de détente — pendant trente minutes à une heure. Continuez tant que vous êtes à l'aise, sans exagération. Maintenir une attention soutenue pendant cinq minutes vaut mieux que rêvasser pendant cinq heures.

Il est important de maîtriser cet exercice de base, et cela vaut aussi pour ceux qui ont atteint un niveau avancé. Si vous laissez reposer un verre rempli d'eau boueuse sans y toucher, la saleté se déposera au fond et se séparera de l'eau pure. Pratiquer cette technique toute simple — en vous concentrant, puis en recentrant votre attention quand votre esprit se met à vagabonder — vous aidera à pacifier les pensées qui vous agitent. Cela calmera votre esprit, et avec de la pratique, vous ferez l'expérience d'une grande lucidité et d'une pure présence.

Si vous pratiquez la méditation, les vicissitudes — les hauts et les bas — de votre vie quotidienne ne vous perturberont plus autant, car votre corps et votre esprit seront plus détendus. Il s'établira un lien plus intime entre votre pratique de la méditation et ce qui survient dans votre vie. Même si votre monde est bouleversé par des événements chaotiques ou terrifiants, vous aurez plus d'espace et ressentirez moins de stress. Si votre vie dérape et se retrouve dans le fossé, les fruits de votre pratique agiront comme un coussin gonflable, vous protégeant contre les blessures graves. Vous aurez la force et la clarté d'esprit nécessaires pour surmonter les situations périlleuses.

Exercez-vous à vous concentrer et à maintenir votre attention. Si vous n'acquérez pas cette discipline, vous en viendrez à vous comporter comme un enfant gâté et dorloté qui se sent impuissant devant la moindre difficulté. En développant la capacité de vivre le moment présent, vous réagirez de façon compétente en toutes circonstances.

Prenez la résolution de pratiquer une forme ou une autre de méditation tous les jours. Même si vos affaires vous amènent à brasser des millions de dollars, cela vous semblera peu comparé aux récompenses d'une pratique régulière de la méditation. On peut vivre sans posséder des millions de dollars, mais on ne peut pas vivre sans paix intérieure et sentiment de bien-être. Alors, soyez bon avec vous-même. Prenez la résolution de méditer tous les jours. Réservez-vous un peu de temps pour méditer, et progressivement, consacrez-y de plus en plus de temps. De cette façon, la vérité des enseignements se déploiera dans les profondeurs de votre cœur. Si ces enseignements demeuraient uniquement dans votre tête, vous risqueriez, par pure négligence, de gaspiller le précieux temps qu'il vous reste à vivre. Ce n'est pas un exercice qui s'adresse uniquement aux débutants. Tout le monde doit maîtriser cette discipline avant de pouvoir avancer dans sa pratique.

Après avoir médité, réjouissez-vous et dédiez les fruits de votre pratique à tous les êtres humains. Dans la joie, demeurez dans cet état sublime. Exprimez le souhait suivant :

Quels que soient les bienfaits que j'ai retirés de cette pratique, puissent les effets résiduels durer pendant plusieurs jours, plusieurs années et plusieurs vies. Que tous, moi y compris, bénéficient de la sagesse et de la clarté accumulées grâce à cette pratique, jusqu'à ce nous ayons tous atteint l'illumination. Quel que soit le mérite que j'ai acquis, je le dédie au bien-être de tous les êtres doués de sensations.

En exprimant ce souhait, vous préservez en vous cette énergie positive, et votre pratique s'affermira avec le temps. Vous pouvez puiser dans cette énergie pour votre propre bien et celui des autres.

Pratiquez tout le temps

Nous avons tendance à procrastiner quand il est question de pratique spirituelle, car nous pensons que les affaires matérielles doivent passer en premier. Toutefois, en matière de pratique spirituelle, il n'existe pas de catégories en tant que telles : tout ce que nous faisons peut servir notre pratique. Il n'y a rien de plus important que la croissance spirituelle, et même au travail et dans vos loisirs, vous pouvez pimenter vos activités en vous exerçant à la pleine conscience et à la contemplation. À mesure que votre conscience se développe, même les événements apparemment insignifiants de la vie peuvent devenir une source d'enseignements. Sans l'inspiration que procure une démarche spirituelle, la vie perd rapidement de sa saveur, et c'est pourquoi il vaut mieux pratiquer tout le temps. Cela veut dire que peu importe ce que vous faites, veillez à ce que cela soit enrichissant sur le plan spirituel. Par exemple, lire ce livre peut devenir une pratique spirituelle.

Nous sommes inséparables de notre respiration, et pourtant, nous respirons la plupart du temps sans y penser. Quand vous lisez, vous n'êtes probablement pas conscient de votre respiration. Pendant que vous lisez ce livre, essayez d'élargir le champ de votre attention et d'étendre votre conscience au-delà de ses pages ; cela vous aidera à améliorer et à approfondir votre compréhension des sujets abordés.

Pourquoi sentons-nous le besoin d'être constamment occupés ? Est-ce parce que nous ne jouissons pas de la plénitude de notre être dans le mouvement de notre respiration ? Si nous sommes incapables d'apprécier le don merveilleux de la respiration, nous pourrions aussi bien être morts. Nous pourrions posséder toutes les richesses du monde et avoir accès à toutes les formes de divertissements imaginables, mais si nous ne pouvons pas respirer pleinement dans l'instant présent, nous sommes pareils à des morts-vivants.

Quand votre esprit est distrait, vous ne faites pas l'expérience de sa clarté naturelle. Même si vous avez la chance d'assister à des enseignements profonds, ceux-ci n'auront aucune influence réelle sur vous. Même si vous méditez pendant des années au sommet d'une montagne, cela ne modifiera pas la qualité de votre être. Pour faire l'expérience de l'état sublime de votre être, vous devez savoir comment être présent. Vous ferez l'expérience du bien-être quand vous serez complètement inséparable du mouvement de chaque respiration. Quand la vie et la respiration s'écoulent ensemble sans effort, comme un filet de lait dans une tasse de thé, vous savourez chaque instant :

Vous êtes ici pour profiter de cette douce respiration.
Vous êtes ici pour profiter de cette agréable randonnée.
Vous êtes ici pour profiter d'un jour de repos bien mérité.
Vous êtes ici pour profiter de cette danse envoûtante.
Vous êtes ici pour vous délecter de ce magnifique étalage.

Les trois pratiques sublimes

Dans la pratique bouddhiste, on compte trois pratiques sublimes :

La première pratique sublime est la génération d'un cœur compatissant et aimant, aussi appelée « pureté de l'intention ». Nous entreprenons chacune de nos activités avec l'intention que nos actions soient bénéfiques aux autres.

La deuxième pratique sublime est l'activité ou la pratique elle-même, ce que nous faisons en étant pleinement conscients, tout en demeurant dans un état naturel où rien ne vient nous distraire.

La troisième pratique sublime est l'offrande du mérite. Le mérite renvoie à l'élan sain et positif qui découle de notre pratique. Nous offrons notre plus précieuse essence et toute l'énergie positive que nous avons accumulée durant notre pratique pour le bien-être de tous les êtres[15].

Appliquez ces trois pratiques sublimes dans toutes vos activités, même s'il s'agit simplement de boire une tasse de thé. Préparez votre thé en générant un cœur compatissant, avec la pure intention d'en faire profiter tous les êtres sensibles. C'est la première pratique. Buvez ensuite votre thé en étant pleinement conscient de ce que vous faites. C'est la deuxième pratique et le noyau essentiel des trois. Après votre dernière gorgée, offrez le plaisir que vous en avez

15. Il sera question plus en détail de l'accumulation du mérite au chapitre 11.

retiré à tous les êtres, et priez qu'ils puissent un jour être libérés de la souffrance et connaître l'éveil spirituel.

Les rayons du soleil réchauffent toutes les créatures sans discrimination. C'est pourquoi nous dédions le mérite de chaque action positive afin que cela profite à tous les êtres. Dans cette tradition, nous ne thésaurisons pas le mérite que nous avons accumulé pour notre seul profit ; nous offrons plutôt cette énergie positive afin que tous les êtres manifestent un jour les qualités éclairées qu'ils portent en eux. Finalement, l'offrande parfaite consiste à dissoudre votre mérite dans l'état inconditionnel.

De cette façon, le simple fait de boire une tasse de thé devient un authentique exercice de méditation grâce aux trois pratiques sublimes. Assurez-vous que ces trois pratiques soient toujours inséparables de ce que vous êtes en train de faire. La première et la troisième sont assez simples. Pour ce qui est de la deuxième pratique sublime, vous devez avoir une cible spécifique. Par exemple, si vous êtes en train de méditer sur votre respiration, suivez attentivement votre respiration et soyez en même temps pleinement conscient de sa nature éphémère. Les trois pratiques sublimes sont la meilleure façon d'élever votre mode de pensée et de marcher avec dignité sur la voie de l'éveil spirituel.

Méditation sur la respiration : bonjour et au revoir

Assoyez-vous le dos droit et regardez devant vous en gardant les yeux ouverts. Inspirez et expirez. Ne forcez pas votre respiration et n'essayez pas de la modifier de quelque façon. Pensez à vous-même en tant que celui ou celle qui inspire ou expire. Soyez attentif à votre respiration, naturellement et sincèrement.

Saluez et observez votre respiration. Quand vous inspirez, saluez l'inspiration, et quand vous expirez, saluez l'expiration. Soyez présent dans votre respiration. Quand vous inspirez, accueillez votre respiration en disant en silence dans votre esprit : « Bonjour. » Et quand vous expirez, dites-lui adieu en disant : « Au revoir. »

Après chaque inspiration et expiration, répétez : « Bonjour, au revoir, bonjour, au revoir. » Durant cette pratique, vous ne rejetez ni n'acceptez ce qui va et vient. Quand vous inspirez, vous accueillez votre respiration en étant conscient de ce qui se passe ; quand vous expirez, vous lui dites adieu en la laissant consciemment partir. Essayez de ne pas rater une seule inspiration ou expiration. Quand vous vous adonnez à cette pratique, ne laissez rien vous distraire. Maintenez une attention de tous les instants à votre respiration.

Vous vous demandez peut-être pourquoi dire bonjour et au revoir ? En fait, cette pratique n'a pas d'objet. La pratique de dire bonjour et au revoir a toujours été pour nous quelque chose de naturel, mais en cours de route, nous nous sommes laissé distraire. Alors que nous étions perdus et perplexes, la frustration et la souffrance se sont mises à croître en nous.

Pour nous libérer de la confusion et de la souffrance, nous devons retourner à notre raison d'être première, à cette pratique fondamentale qui consiste à dire bonjour et au revoir. Nous accumulons tant de choses, mais plus nous en accumulons, plus nous souffrons. Il n'y a pas de bonnes raisons de collectionner tant de choses. Engagez-vous dans cette voie qui existe depuis des temps immémoriaux et qui consiste à dire : « Bonjour et au revoir. » Il n'y a pas de raison de vous inquiéter, même si vous avez récemment divorcé ou perdu votre emploi. Vous n'avez pas à vous appesantir sur ces événements puisque votre pratique consiste simplement à dire bonjour et au revoir.

Cette pratique vous permet d'être simplement vous-même et de voir la réalité telle qu'elle est. Vous prenez conscience de votre essence quand vous dites : « Bonjour. » Votre essence est comme un espace ; elle est grande ouverte et contient facilement vos pensées, vos émotions et vos perceptions. Comme un vaste océan, vous accueillez tout ce qui nage dans votre étendue ouverte.

Vous portez attention à votre nature non obstruée quand vous dites : « Au revoir. » Les apparences se manifestent sans commencement ni fin, mais vous ne pouvez saisir ou retenir aucun aspect de ce déploiement incessant. Vous dites joyeusement adieu à toutes les apparences qui passent.

C'est un peu comme observer une magnifique bulle remonter à la surface de l'eau. Vous l'accueillez en lui disant : « Bonjour. » Aussitôt, la bulle crève, et vous lui dites alors : « Au revoir. » Vous n'anticipez rien, car vous ne pensez pas au moment qui vient ; et vous n'éprouvez aucun regret, car vous ne revenez pas sur le passé. Si nous cessons de faire allusion au passé et à l'avenir, il ne reste pour nous que l'éternel présent, et c'est pourquoi nous disons bonjour et au revoir.

La non-méditation est la méditation suprême

Notre pratique a pour but de nous libérer du stress et de la souffrance. Nous ne pouvons pas actualiser cette liberté en ayant recours à une approche purement intellectuelle. Nous devons faire directement l'expérience de ces enseignements et les incarner dans nos vies. C'est pourquoi je vous recommande chaudement la pratique de la méditation.

Lorsque nous sommes débutants, nous devons adopter la pratique de la méditation. Même si la discipline nécessaire à la pratique de la méditation ne s'acquiert pas facilement, nous devons persister dans cette voie. À mesure que vous progresserez, vous commencerez à en retirer des bienfaits. Vous adopterez un maintien aristocratique et ferez l'expérience des qualités royales de votre nature éveillée. Comme un roi qui gouverne ses sujets, vous serez maître de votre esprit et de vos émotions.

Chaque instant étant un nouvel instant, nous avons besoin d'une approche renouvelée de la méditation afin que tout le monde puisse la pratiquer, partout dans le monde. Notre méditation sera parfaite quand nous serons capables d'évoquer, avec un cœur grand ouvert, la bonté fondamentale de tous les êtres humains. Nous n'avons pas le temps d'être bornés et territoriaux, car la vie est trop précieuse pour être gaspillée. Nous ne devrions pas gâcher un seul instant en entretenant des pensées malsaines. Nous pouvons pratiquer cette forme dynamique de méditation sans arrêt, jusqu'à ce que notre vie devienne elle-même méditation.

La conscience du moment présent est la forme suprême de méditation. Toutes les autres méthodes de méditation sont des étapes qui nous mènent vers cette conscience omniprésente. La véritable méditation consiste donc à découvrir l'essence de notre esprit et à apprendre à demeurer auprès de cette essence. En tibétain, *méditer* signifie « s'habituer à ». On pourrait dire que la méditation n'est pas le but, mais un outil qui nous aide à découvrir et « à nous habituer » à la vraie nature de l'esprit. Une fois que vous avez découvert la vérité, vous n'avez plus besoin de l'outil. Ayant trouvé le repos dans la découverte de la nature de l'esprit, il n'y a plus rien sur quoi méditer puisque l'esprit ne se laisse plus distraire ! Il n'y a plus rien à quoi s'habituer. La non-méditation est la méditation suprême. Quoi qu'il arrive, vous êtes capable d'y faire face, car les choses se libèrent d'elles-mêmes à mesure qu'elles surviennent.

Si vous avez besoin d'un endroit tranquille et isolé pour méditer, cela veut dire que votre pratique est encore quelconque. Toutefois, en étant conscients de chaque instant qui passe, nous pouvons faire face à n'importe quelle situation. C'est ce dont nous avons le plus besoin, car la vie est souvent chaotique et difficile. Nous devons survivre et résister au stress et aux épreuves de la vie quotidienne. La pratique bouddhiste ne se résume pas à réciter des mantras, à psalmodier des prières et à méditer en silence. La véritable pratique signifie apprendre à surmonter habilement toutes les situations.

Quoi que vous fassiez, assurez-vous d'être à l'aise. Procédez de manière détendue et naturelle. Des pensées vous traverseront l'esprit les unes après les autres. Une pensée vient, puis disparaît. Si vous êtes alerte et attentif, vous ne vous perdrez pas dans vos pensées. Il vous apparaîtra clairement que vous n'êtes pas vos pensées et que vos pensées ne vous définissent pas. Les pensées sont comme des oiseaux sillonnant le ciel, ne laissant aucune trace derrière eux. Ces pensées n'ont ni destination ni domicile. Si vous vous entraînez de cette façon, le « propriétaire » de ces pensées finira par disparaître. Il n'y aura plus alors personne pour faire l'expérience de la souffrance et du tourment. C'est la conscience de l'instant qui passe et la perfection de la non-méditation.

CHAPITRE 11

Pratiquer sur la Voie

Rien ne fonctionne

Dès le début, nous devrions nous demander : « M'arrive-t-il d'avoir des pensées injustes et de poser des gestes nuisibles ? » Nous devrions reconnaître d'emblée nos défauts et nos faiblesses. Nous devrions accepter le fait que nous avons besoin de travailler sur nous-mêmes, que notre attitude et notre comportement ont besoin d'être améliorés. Pour suivre une voie spirituelle, il faut avoir le courage de rester seuls et d'examiner nos défauts, sans nous laisser distraire par notre téléphone cellulaire, les salons de discussion et les films offerts sur demande. Nous devons rester seuls avec nos pensées et nous voir tels que nous sommes, sans rien pour nous distraire.

Pour entreprendre notre pratique du bon pied, le mieux est de reconnaître que rien ne fonctionne. Avec le temps, nos plans s'effondrent et nous perdons les choses que nous chérissions le plus. Tout finit par nous abandonner : nos croyances, nos espoirs, notre vitalité et notre santé. Nous sommes vulnérables, et le sentiment de sécurité auquel nous nous raccrochons est des plus fragiles. Mais quand nous affrontons et acceptons ce sentiment d'incertitude et d'impuissance, nous pouvons méditer avec plus de force et de conviction.

Dans sa jeunesse, le Bouddha s'appelait le prince Siddharta. Un jour, alors qu'il conduisait son char hors des murs de son palais, il a été témoin de la dure réalité de la souffrance humaine. Étant prince, il vivait dans le luxe, entouré des choses les plus agréables qui soient, mais après avoir vu la maladie, la vieillesse et la mort de près, il s'est tout à coup rendu compte que ce serait également son lot. Il a compris que sa jeunesse et sa joie de vivre finiraient par le trahir. Il a reconnu que son attachement aux plaisirs et au sentiment de sécurité que lui assurait son mode de vie allait inévitablement mener à une amère déception. Il s'est demandé : « Que se passe-t-il ici ? Quel est le sens de la vie ? » Il s'est rendu compte que toutes les choses contingentes étaient finalement dépourvues d'essence. Il a compris que rien ne fonctionnait. Après avoir sincèrement renoncé à tout, il s'est engagé sur la voie de la découverte intérieure.

De nos jours, la méditation est à la mode ; une occasion pour des personnes privilégiées d'assister à des événements spéciaux, de manger de bons repas, d'interagir avec des personnes qui partagent leurs intérêts et de se faire prendre en photo avec un célèbre lama. Évidemment, ce n'est pas une pratique authentique de la méditation. La véritable méditation vous rend plus sensible et plus perspicace. Elle vous permet de voir plus clairement les désirs les plus profonds et les souffrances les plus pénibles de ceux qui vous entourent. Si vous pensez que vous êtes spécial parce que vous méditez, vous êtes quelque peu arrogant. Après tout, nous ne pratiquons pas la méditation pour flatter notre ego ou nous donner en spectacle. Les vrais adeptes de la méditation ne sont jamais prétentieux ; au contraire, ils incarnent une authentique humilité et se soucient sincèrement des autres.

Un méditateur accompli est capable de surmonter tous les obstacles de la vie. Pour atteindre un tel niveau de confiance en soi, il faut une approche qui va plus loin que le simple fait de demeurer dans un état de repos. Il ne suffit pas d'apprendre quelques techniques et de pratiquer la méditation pour se détendre et calmer son esprit. S'asseoir calmement dans une pièce, interrompre le flot de nos pensées et glisser dans un état de douce torpeur, ce n'est pas méditer. Une vache peut demeurer immobile et respirer calmement après s'être rempli la panse, mais dira-t-on qu'elle médite ?

La méditation n'est pas simplement un exercice de détente ; elle sert avant tout à développer notre capacité à réagir avec habileté et dignité aux difficultés de la vie, de même qu'à ses joies. Nous devons réfléchir longuement à l'incertitude et à la brièveté de notre propre vie. Contempler le fait que toutes les choses dans lesquelles nous plaçons notre confiance sont contingentes et constamment en train de changer. Nous devons utiliser notre pratique spirituelle pour regarder en nous et découvrir ce qui est au cœur de notre être.

Ceux qui veulent suivre cette voie spirituelle doivent faire de même. À cette seule condition, nous aurons l'occasion de faire l'expérience de la véritable essence et de la véritable valeur de la vie humaine. Nous avons la chance de nous réveiller, l'occasion unique de profiter d'une énergie infinie et d'utiliser cette méthode parfaite pour notre propre bien-être et celui des autres.

Ce n'est qu'une illusion

Nous avons parfois du mal à nous discipliner et à pratiquer le Dharma[16] quand nous sommes heureux. Il est facile d'oublier notre pratique spirituelle quand tout baigne dans l'huile. Afin de nous motiver, nous devrions contempler les souffrances inévitables qui nous attendent quand nous sommes inspirés par des désirs égoïstes. Pour intensifier notre conscience de l'impermanence des choses, nous devrions nous imaginer en enfer, en train de vivre des expériences terrifiantes loin de celles que nous connaissons présentement.

Pour le moment, nous vivons dans un monde d'illusions. Nous aimons croire que la mort n'est pas pour nous si nous sommes jeunes et en santé. Mais les aiguilles continuent de tourner, et comme on dit au Tibet, le seigneur de la mort est toujours là qui nous attend au seuil de notre porte. Imaginez que vous n'avez rien à manger, nulle part où vous abriter. Concevez la terreur de se retrouver au milieu d'un tsunami ou d'une zone de guerre. Prenez l'habitude de penser à ces choses pour affronter et contempler honnêtement les réalités de la souffrance et du changement.

En affrontant la réalité de cette façon, vous n'aurez pas à chercher la compagnie d'un lama célèbre ou à célébrer des rituels spirituels exotiques. Je dis souvent à mes amis d'oublier la

---

16. *Dharma* est un mot sanskrit qui désigne dans ce contexte les enseignements du Bouddha et les pratiques qui mènent à l'éveil spirituel.

méditation et les lamas. Si vous le devez, commencez par profiter de ce que le monde a à vous offrir. Assurez-vous de ne rien laisser de côté. Tôt ou tard, il viendra un moment où vous vous direz : « J'en ai assez ; j'ai goûté à tous les plaisirs, mais rien ne me satisfait. » Vous devez d'abord franchir cette première porte. Vous devez faire l'expérience des plaisirs de la vie et constater par vous-même qu'ils ne peuvent pas vous apporter la satisfaction que vous recherchez. Alors seulement, vous pourrez fermer cette porte derrière vous.

Ma mère bien-aimée est née au Tibet au sein d'une famille aisée, et pendant quelque temps, elle a mené une vie confortable. Étant fille unique, elle était entourée d'amour et de soins, et avait tout ce qu'elle désirait. Mais son premier mariage, avec mon père, n'a pas fait long feu. Elle s'est remariée et a eu plusieurs autres enfants, mais son mariage avec mon beau-père a été lui aussi un échec, puis il est mort, laissant ma mère seule pour s'occuper de nous tous. Finalement, elle a rencontré un homme qu'elle aimait beaucoup et qu'elle croyait être l'amour de sa vie. Malheureusement, elle n'a pas pu profiter de la vie avec lui bien longtemps, car il est mort subitement. En l'espace de quatre mois, elle a perdu son amant, son père et son plus jeune fils. Épuisée et profondément attristée, elle n'avait plus vraiment envie de jouir des plaisirs de la vie. Elle a rencontré un maître bouddhiste à qui elle a raconté sa triste expérience et exprimé le souhait de s'engager sur la voie de la spiritualité. Il lui a expliqué qu'elle avait accompli avec succès la première moitié de son voyage spirituel en goûtant aux fruits amers de ce monde et en sentant le besoin d'y renoncer. Elle a demandé à devenir moniale afin de consacrer sa vie à la pratique de la spiritualité. Sans la direction et la perspective que fournit une vie spirituelle, je crois qu'elle se serait assurément effondrée sous le poids de la douleur et de la déception.

De même que vous savourez davantage la nourriture quand vous n'avez pas mangé depuis plusieurs jours, vous adopterez avec enthousiasme les enseignements du Bouddha quand vous aurez été amèrement déçu par ce que le monde matériel a à offrir. Avant d'entreprendre sa quête pour connaître l'illumination, le Bouddha vivait dans le luxe et jouissait de tous les plaisirs de la vie, et pourtant, il était habité par un sentiment de vide et d'insatisfaction. Il était déterminé à découvrir ce qui est vrai et durable. Il a affronté les vicissitudes de la vie et emprunté cette voie avec honnêteté et sincérité, jusqu'à ce que le cœur et l'essence de son être se soient révélés à lui. C'est pourquoi les enseignements du Bouddha résonnent encore en nous aujourd'hui et touchent nos cœurs si profondément.

Suivre le Bouddha

Pourquoi semblons-nous constamment agités, toujours en train de chercher quelque chose, perpétuellement insatisfaits ? Quand nous avions douze ans, nous avions hâte d'en avoir dix-huit, et à dix-huit ans, nous mourions d'envie d'en avoir vingt et un. Puis quand arrive la soixantaine, nous voudrions à nouveau avoir dix-huit ans. Il n'est pas nécessaire qu'il en soit ainsi. Finalement, il n'y a pas de destination meilleure que les autres ni d'accomplissement durable dont on peut s'enorgueillir. Mais nous pouvons faire l'expérience de quelque chose qui en vaut vraiment la peine sans toujours chercher quelque chose de mieux.

Il est absurde de continuer à désirer des choses qui nous ont déçus par le passé. Il est beaucoup plus raisonnable d'accepter la vie *telle qu'elle est*. C'est une belle façon de vivre. Nous n'avons pas besoin de changer quoi que ce soit ; nous n'avons pas à prendre de lourds fardeaux sur nos épaules et à chercher sans cesse quelque chose de mieux. Avoir toujours envie de quelque chose d'autre ne nous apportera jamais ni bonheur ni satisfaction véritable ; cela nous rend simplement encore plus agités et insatiables.

Regardez-vous sincèrement et affrontez vos faiblesses. Travaillez d'arrache-pied sur vos défauts, sur vos manières empruntées et vos raisonnements égoïstes. Emprunter cette voie vous permettra d'approfondir votre compréhension et de grandir en sagesse. Pour suivre cet enseignement, il ne suffit pas de mettre une statue du Bouddha dans votre salon et de vous dire bouddhiste. Suivre la voie bouddhiste signifie avoir un cœur pur et respecter sincèrement les autres. Autrement dit, suivre la voie spirituelle signifie travailler à devenir le Bouddha. Pour suivre le Bouddha, vous n'avez pas à réciter des mantras ou à lire tous les textes sacrés du bouddhisme. Vous devez plutôt transformer un cœur étroit en un cœur compatissant.

Votre critère le plus élevé

Une façon de penser égoïste peut-elle mener à un bonheur et à une sérénité véritables ? Comme un voleur, nous n'éprouverons à la fin que des remords et de la culpabilité. Si nous maintenons le cap, si nos intentions sont pures et bienveillantes, nous ne nous égarerons jamais dans des régions lugubres et terrifiantes. Si nous agissons avec sagesse, éprouver un véritable sentiment de satisfaction devient un but réaliste tout à fait à notre portée dans les limites mêmes de notre vie actuelle.

Pourquoi devrions-nous entreprendre chaque activité dans une intention bienveillante ? Pour le dire simplement, il n'y a pas de solution plus prometteuse. Nous avons tout essayé et découvert que cela était contre-productif. Une façon de penser égoïste peut-elle servir de fondement à notre bonheur futur ? Nous payons toujours chèrement nos décisions égoïstes et devons en subir les conséquences indésirables. La gratification que procure une activité égocentrique est conditionnelle, et tout ce qui est conditionnel finit par se désintégrer, comme la neige qui fond dès que le soleil apparaît.

Nous faisons tous l'expérience du doute, de la peur et de la faiblesse. Nous pouvons faire preuve de compréhension et de tolérance envers les autres, même s'ils nous traitent mal. Nous faisons tous de notre mieux pour survivre. Nous sommes tous perturbés par les vagues tempétueuses du désir, de la colère, de l'avarice, de l'envie et de l'orgueil. Nous sommes tous habités par ces émotions troublantes ! Personne ne veut souffrir, alors, pourquoi voudrions-nous ajouter au malheur des autres ?

Personne ne mérite notre jugement et notre condamnation. Tout le monde y gagne que nous apportons aux autres un soutien chaleureux. Si nous nous efforçons de respecter ce critère d'excellence, nous vivrons de plus en plus pleinement. Après tout, quand nous plongeons notre regard dans celui des autres, nous pouvons sentir cette vulnérabilité partagée. Nous n'avons pas à nous montrer plus rusés que les autres, car nous devrons tous affronter la maladie, la vieillesse et la mort. Efforçons-nous de développer un souci inclusif des autres et de prendre à cœur leurs épreuves. Être compatissant ne signifie pas être supérieur et plus vertueux que les autres. Cette façon de penser fausse et hypocrite ne fera que vous tourmenter à la longue. La compassion est simplement l'expression naturelle d'un cœur pur et noble. Faites que cela devienne pour vous quelque chose de naturel, et vous jouirez du plus haut niveau de vie qui soit.

Aller et venir

La nature de l'esprit n'est jamais obstruée. D'instant en instant, une pensée naît, alors qu'une autre meurt. Cette énergie circule sans arrêt et jaillit de la sagesse primordiale. Cette énergie est l'essence de ce que nous sommes. Cette énergie se manifeste dans le monde, mais jamais de façon concrète ou substantielle. Nous ne pouvons pas l'imaginer ou l'exprimer. Elle transcende l'imagination et le langage.

Cette essence est la nature compatissante de l'esprit. À partir de cette nature compatissante, l'énergie circule sans obstruction, allant et venant constamment. Nous devons comprendre que les pensées n'ont nulle part où surgir, nulle part où demeurer et nulle part où aller. Elles viennent d'un vaste espace et disparaissent au sein d'un vaste espace.

L'énergie des pensées est ininterrompue. Rien ne peut l'obstruer. Personne ne peut l'arrêter, et pourtant, nous essayons. Quand nous essayons d'arrêter l'inarrêtable, nous développons des problèmes psychologiques. Nous ne sommes pas réalistes. Les pensées vont et viennent, et donc, vous n'avez pas à essayer de les arrêter. Vous pouvez simplement demeurer dans ce continuum de conscience sans essayer d'arrêter ou de chasser ces pensées.

Rien n'est concret ou substantiel, et bien que tout apparaisse dans l'esprit, il n'y a rien à saisir. N'essayez pas de la concevoir. Cette énergie est pareille aux réflexions d'un miroir. Le miroir réfléchit sans faire d'efforts. Les images apparaissent et disparaissent à sa surface. De la même façon, les pensées surgissent et s'évanouissent dans l'état d'esprit qui est ineffable et au-delà du langage.

Le potentiel d'un miroir à réfléchir est infini. Quand il n'y a rien à refléter, le miroir n'en perd pas pour autant son potentiel réflexif. N'allez pas croire que le miroir doit toujours refléter quelque chose. Tout comme l'essence de notre être est indépendante des causes et des circonstances, le potentiel du miroir est indépendant de la présence ou non d'un objet. Autrement dit, vous pouvez pratiquer votre spiritualité en tout temps. Quand il y a des reflets dans le miroir, vous pouvez pratiquer. Quand il n'y a pas de reflets dans le miroir, vous pouvez pratiquer. Le potentiel du miroir existe également en vous : vous êtes le miroir.

Observez simplement vos pensées, comme un vieil homme observe un enfant en train de jouer. L'enfant est captivé par ses jeux, mais le vieil homme ne prend rien au sérieux. Il est assez sage pour comprendre que ces jeux ne sont que des lubies, une vue de l'esprit. Les pensées vont et viennent ; gardez cela à l'esprit et demeurez dans le continuum de la pleine conscience.

SE POINTER DU DOIGT

Il est facile de pointer les autres du doigt. Il est plus difficile de se pointer soi-même du doigt, de regarder à l'intérieur de soi. Cela demande du courage et de la détermination. Quand vous vous pointez du doigt et que vous mettez en lumière vos propres travers, vous vous comportez comme un authentique être humain.

Quand vous trouvez des défauts aux autres, il s'agit souvent de vos propres défauts. Et quand vous leur reconnaissez de belles qualités, c'est souvent parce qu'elles reflètent les vôtres. Si notre nature innée est pure et parfaite, le monde que nous reflétons devrait être pur et parfait. Si nous voyons des imperfections, notre vision s'obscurcit. Nous ne pouvons pas voir le soleil quand le ciel est couvert. Les nuages nous empêchent de le voir, mais le soleil n'en brille pas moins pour autant.

La meilleure approche consiste à se concentrer sur nos propres défauts. Quand vous êtes tenté de juger les autres parce qu'ils ont tel ou tel défaut, dites-vous : « Je dois avoir le même défaut. Je m'impose des souffrances inutiles en jugeant les autres. Je rejette ce que je n'aime pas et j'accepte ce que j'aime. Je risque de tomber dans un cercle vicieux de rejet et d'acceptation perpétuel. »

Assurez-vous de toujours regarder à l'intérieur de vous. Nous n'apprenons rien en critiquant les autres ; nous apprenons beaucoup quand nous nous examinons nous-mêmes. Vous serez plus tolérant et plus heureux dans la vie quand vous ne serez plus aussi prompt à juger les gens.

Nous critiquons les autres et leur trouvons des défauts pour flatter notre ego. Mais l'ego n'est pas un immense bloc de roche que nous devons nous extraire du cœur par la force. En réalité, l'ego possède une existence intangible. C'est en fait la chose la plus fragile et la plus vulnérable sur terre, et c'est pourquoi l'ego se sent aussi inquiet. Nous devons comprendre la faiblesse de l'ego et savoir que nous pouvons très bien survivre sans lui.

D'un autre côté, l'ego a plus d'un tour dans son sac et vous soufflera toutes sortes d'opinions figées. Par exemple, avez-vous déjà eu l'impression d'avoir été trahi par un ami ? Si vous examinez la pensée, « J'ai été trahi », vous verrez que le « je » y joue un rôle majeur. Le « je » a inventé ce concept d'« ami ». Vous avez défini cette personne comme étant votre ami, et vous vous êtes attaché à ce concept. Vous vous sentez plus proche de votre ami que des autres personnes, vous avez donc un parti pris dès le départ. Ce parti pris est votre création.

Nous pouvons utiliser notre intelligence pour détecter les occasions où l'on essaie de nous berner. Il y a une différence entre être intelligent et être malin. Quand vous êtes malin, vous ne voyez pas le portrait d'ensemble parce que vous vous attardez à de petites choses. À l'inverse, l'intelligence voit la situation dans son ensemble. Intelligemment, vous pouvez percevoir que vous êtes en train de solidifier votre conception de l'amitié. Quand vous vous tournez vers l'intérieur, la possibilité d'une authentique amitié devient réelle. L'amitié doit être fondée sur ce genre de discernement et non uniquement sur vos propres besoins et attentes.

Un jour, l'un de mes élèves — qui était avocat — m'a dit que sa profession n'était pas noble, et donc qu'il ne ferait jamais un bon bouddhiste. Je n'étais pas d'accord. Je lui ai dit qu'un avocat pouvait devenir un excellent adepte de la voie. Si un avocat est tenté de se conduire de façon contraire à l'éthique, c'est une occasion pour lui d'examiner son comportement et d'améliorer son caractère. De la même façon, si vous ne vous mettez jamais au défi, comme un athlète qui s'entraîne pour courir plus vite ou sauter plus haut, vous ne deviendrez jamais plus fort. Avoir des défauts n'est pas un problème. Mais si vous pensez que vous n'avez pas de défauts, vous avez un gros problème sur les bras.

Il y avait un moine qui pratiquait avec beaucoup de sincérité et d'ascétisme. C'était un érudit qui possédait une grande compréhension du bouddhisme. Il vivait dans un monastère avec huit cents autres moines. Les enseignements du Bouddha lui étaient allés droit au cœur et avaient engendré en lui compassion, bonté et humilité. Il n'avait jamais désiré s'asseoir sur un trône ou devenir un meneur d'hommes. Il s'assoyait toujours dans la dernière rangée et prenait une petite portion de ce qui restait à manger. Mais un jour, un donateur est venu au monastère avec des seaux remplis de yogourt. L'homme a commencé à servir le yogourt aux moines de la première rangée, en remplissant leur large bol. Ce moine, qui raffolait du yogourt, s'est dit à lui-même : « Il leur en donne trop, lorsque viendra mon tour, il n'en restera plus pour moi. » Lorsque le donateur est arrivé à la dernière rangée, le moine s'est rendu compte qu'il en restait amplement. Le donateur a voulu remplir le bol du moine, mais celui-ci l'a aussitôt retourné à l'envers. Étonné, l'homme lui a demandé ce qui n'allait pas. Le moine a répondu : « Ce moine glouton a déjà eu sa portion de yogourt tandis que vous serviez ceux de la première rangée. Il n'en mérite pas plus. »

Même si vous êtes un moine ascétique et pratiquez la méditation dans une grotte pendant des années avec tout juste assez de nourriture et d'eau, cela ne veut rien dire si vous n'êtes pas prêt à vous pointer du doigt. Si vous ne voulez pas reconnaître vos propres défauts et essayer de les corriger, comment dompterez-vous votre ego ?

Accumuler mérite et sagesse

Dans la tradition bouddhiste, nous accumulons du mérite et de la sagesse afin de purifier notre négativité et de chasser le brouillard mental qui obscurcit la clarté innée de l'esprit. Nous pratiquons ce que l'on appelle les six perfections : générosité, discipline, patience, diligence, méditation et sagesse. Le mérite s'accumule quand nous pratiquons les cinq premières perfections. Avec la sixième perfection, nous actualisons notre sagesse en prenant conscience de la pure nature de l'esprit et en y demeurant.

Quand nous pratiquons la première perfection de la générosité, nous accumulons du mérite en donnant des cadeaux au maître, aux élèves et à ceux qui se sont engagés sur la voie spirituelle. Nous pouvons également porter assistance aux pauvres, aux malades et aux handicapés, en leur offrant nourriture, vêtements, protection et abri. C'est en nous adonnant à ce genre d'activités que nous accumulons du mérite. Nous ne devons pas faire semblant d'être généreux. Nous devons sincèrement nous soucier du malheur des autres et être prêts à faire des sacrifices. La pratique de la générosité peut facilement devenir une coquille vide si nous ne sommes pas sincères.

La sagesse amène les pratiques de la générosité, de la discipline, de la patience, de la diligence et de la méditation à leur perfection. Par exemple, celui qui pratique la générosité fait l'expérience d'une richesse intérieure. Toutefois, il n'y a rien dans l'expression de la générosité qui soit tangible ou concret. Il n'y a rien que vous puissiez saisir ou à quoi vous retenir. Le véritable geste de générosité est « vide» dans la mesure où il n'existe pas vraiment de donneur et de bénéficiaire. La sagesse, c'est prendre conscience que la nature de toute chose est d'être vide.

Même après avoir pris conscience de la nature absolue du vide, vous ne devriez pas renoncer à accumuler du mérite par le truchement relatif de la générosité, de la discipline, de la patience, de la diligence et de la méditation. Même si vous avez compris que nous ne pouvons pas accumuler de mérite à l'aune de l'essence suprême, dans le monde relatif, tout est interdépendant. Nous ne pouvons pas demeurer tout le temps au sein de la nature absolue avant de nous être pleinement éveillés spirituellement. Nous pouvons, toutefois, fonctionner dans le monde relatif tout en gardant à l'esprit la nature suprême de toutes choses.

Padmasambhava, le grand maître qui a introduit la lignée de la Grande Perfection au Tibet, disait : « Même si votre regard porte aussi haut que le ciel, votre observance du comportement approprié devrait être aussi fine que de la farine. » Autrement dit, même si nous avons compris que tout est vide, que telle est la nature suprême de toute chose, nous devons toujours agir de façon méticuleuse. Nous ne devrions jamais oublier la loi inéluctable du karma et toujours être conscients de la façon dont nos actions influencent les autres. De cette façon, nous nous conformerons à la réalité de l'interdépendance.

Un compte épargne pour tous les êtres

Quand nous mettons en pratique les enseignements du Bouddha et faisons preuve de diligence, nous développons l'énergie positive que nous appelons « mérite ». Toutes les activités vertueuses créent d'immenses réservoirs de mérite qui propulsent ensuite notre croissance spirituelle. Toutefois, nous ne thésaurisons pas le mérite que nous avons accumulé grâce à notre pratique. Nous ne le déposons pas dans un compte épargne à notre seule intention. Tout le monde doit pouvoir retirer des bienfaits de notre pratique, avoir accès à un compte collectif. Nous sommes donc invités à placer notre mérite dans un compte au nom de toute l'humanité. Dans la tradition bouddhiste, nous appelons cela la pratique de la *dédication*.

En ne thésaurisant pas nos accomplissements spirituels par orgueil ou par égoïsme, nous pratiquons la véritable générosité. Nous dédions notre mérite au bien de tous les êtres, ce qui nous inspire à aller toujours plus loin. Nous pouvons continuellement offrir notre clarté, nos connaissances et notre sagesse pour le bénéfice et le soutien des autres.

Quand nous dédions notre mérite de façon appropriée, celui-ci ne se perd jamais. Mais si nous ne dédions pas notre mérite, il finira par s'épuiser. Si nous succombons à la colère, le mérite que nous avons accumulé peut se perdre en un instant et s'évaporer comme une goutte d'eau sur une pierre brûlante. Dédier notre mérite au bien-être des autres, c'est un peu comme laisser tomber une goutte d'eau dans l'océan : elle ne s'évaporera jamais.

Si le mérite que vous avez accumulé est sagement investi au nom de tous les êtres humains, ils pourront partager les bienfaits de votre pratique, jusqu'à ce que tout le monde ait connu l'éveil spirituel. Si vous ne dédiez pas votre mérite au bien de tous, vous risquez de vous attacher aux résultats que vous aurez obtenus grâce à votre pratique spirituelle. Vous risquez de vous cramponner à votre petit monde de paix et de suffisance. Il ne suffit pas d'atteindre le bonheur pour soi seul. Dans notre tradition tibétaine, nous disons : « Si vous voulez vraiment faire un bon repas, partagez-le avec quelqu'un d'autre. »

Quand vous consacrez votre mérite, ne soyez pas trop satisfait de vous-même, puisqu'en réalité, il n'y a rien de substantiel à quoi se raccrocher. Ne vous retenez pas à votre vertu, mais offrez-la librement et de bon cœur. Vous n'essayez pas de nourrir ou de protéger votre ego, puisque vous avez tout donné aux autres. Vous scellez votre dévouement en demeurant dans l'état de vide suprême, libre de tout attachement. Cet état naturel où règne le vide est le joyau qui peut exaucer tous vos vœux, un réservoir infini de bénédictions pour tous.

Chapitre 12

Un cœur compatissant

Les quatre qualités illimitées

Dans la tradition bouddhiste, nous nous efforçons de développer les quatre qualités illimitées : impartialité, amour, compassion et joie compatissante. Ces quatre qualités sont illimitées parce qu'elles sont dirigées vers des êtres sensibles infinis ; la souffrance des êtres est inépuisable, et méditer sur ces qualités apporte des bienfaits incommensurables.

IMPARTIALITÉ

Quand nous décidons de méditer sur ces quatre qualités illimitées, il est préférable de commencer par la qualité illimitée de l'impartialité. Si nous sommes incapables de considérer les autres de façon équitable, les trois autres qualités de l'amour, de la compassion et de la joie compatissante n'auront pas de fondement solide et ne seront pas complètes.

Nous rencontrons toutes sortes de gens différents, et nous avons tendance à les juger à travers le filtre de nos préférences personnelles. En général, nous n'aimons pas tellement ceux qui nous traitent avec indifférence ou qui nous font du mal. Nous éprouvons de l'affection uniquement pour ceux qui sont gentils avec nous ou qui peuvent servir nos intérêts. Toutefois, avec de la pratique, nous apprenons à voir les autres de façon impartiale. Nous élargissons nos horizons et considérons tout le monde de la même façon.

Le mot tibétain pour impartialité est *tang nyom*. *Tang* signifie renoncer aux attachements et aux préjugés. *Nyom* signifie rendre égal. *Tang nyom* signifie avoir des rapports équitables avec toute chose. Pouvons-nous voir tout le monde de façon impartiale ? Tous les êtres vivants respirent, et la respiration de votre ami n'est pas différente de celle de votre ennemi. Respirer, c'est respirer. Si vous méditez sur cette vérité simple, mais profonde, vous en viendrez à respecter tout le monde. À première vue, les êtres humains semblent très différents les uns des autres. Toutefois, nos plus profondes aspirations sont les mêmes, et l'essence de notre être transcende ces différences. Si vous comprenez que vous n'êtes pas différent des autres pour ce qui est de votre nature essentielle, vous n'aurez plus l'impression d'être entouré d'étrangers. Chaque fois que vous rencontrerez quelqu'un, vous aurez l'impression d'avoir affaire à un ami.

De même que tout le monde respire, tout le monde possède une intelligence innée. Votre ami n'est pas plus intelligent que votre adversaire. Allez-vous accepter votre ami et rejeter votre ennemi ? Dans ce cas, vous n'acceptez qu'une moitié de vous-même. Pour être un être humain complet, vous devez accepter tout le monde de la même manière.

Vous ne trouverez aucune imperfection dans un cercle parfait et aucune marque sur une surface sans défaut. Et vous aurez beau chercher, vous ne trouverez pas la moindre trace de préjugé dans un cœur bon et compatissant. Nous possédons tous une intelligence, et il n'en tient qu'à nous. Nous pouvons le faire. Nous pouvons mettre en pratique ces enseignements et suivre cette voie. On pratique ces enseignements depuis plus de deux mille six cents ans, depuis le temps du Bouddha Shakyamuni jusqu'à aujourd'hui. Si nous utilisons notre intelligence pour nous libérer de nos préjugés, nous découvrirons en nous les profondes qualités de la bonté et de la compassion.

Le prince Siddhartha a quitté le confort de son palais, déterminé à faire du bien à tous. Comment aurait-il pu se soucier du monde entier alors qu'il était tenu par serment de défendre son propre royaume ? Il a entrepris une quête pour quelque chose de beaucoup plus grand. Sa plus grande aspiration était de mettre fin à la souffrance de tous les êtres humains et de les guider vers le bonheur parfait, et c'était pour lui un engagement inébranlable. Dans la clarté de sa sagesse, il voyait tout le monde de la même manière. Et aujourd'hui, grâce à la découverte et à l'expérience éclairante du Bouddha, nous sommes en mesure de jouir de ce précieux héritage. Inspirés par son exemple, nous pouvons mettre en pratique et partager cette sagesse sacrée avec tout le monde.

Le Bouddha n'a pas recherché l'illumination afin d'acquérir quelque chose pour lui-même. Son action était désintéressée. Quand nous sommes désintéressés, nous sommes des Bouddhas. Nous pouvons faire confiance à notre bonté innée et vivre dans la joie, en nous souciant des autres et en les comprenant.

AMOUR

La nature de toute chose est l'interdépendance, et tous les êtres humains sont intimement reliés les uns aux autres. Directement ou indirectement, tous les êtres humains nous soutiennent durant notre voyage ici-bas. Tout le monde mérite donc notre gentillesse, et tous les êtres humains ont besoin que nous prenions soin d'eux. Comme une mère qui prend soin de son enfant, nous pouvons agir de même avec tout le monde. C'est la *qualité illimitée de l'amour.*

Nous errons tous dans ce monde, tourmentés par le stress et la pression de la vie quotidienne, cherchant une façon de trouver le bonheur. En raison de notre immaturité spirituelle et de notre confusion permanente, nous sommes pareils à des enfants qui ont besoin de l'amour et des conseils d'une mère. Une mère va instinctivement prendre soin de ses enfants et les protéger, sachant qu'ils sont vulnérables et incapables de s'occuper d'eux-mêmes. Aussi déplorable que soit le comportement de l'enfant, la mère fera preuve de patience. Son seul souhait est le bonheur et le bien-être de son enfant. Si vous traitez les autres et prenez soin d'eux avec l'affection d'une mère pour son enfant unique, vous découvrirez que ce n'est plus du sang qui coule dans vos veines, mais de l'amour.

En étant compréhensif et impartial, vous ne vous attacherez plus exagérément à vos amis et vous n'écarterez plus vos ennemis. Si vous vous souciez sincèrement du bonheur des autres, votre amour ne sera plus compromis par des attachements égoïstes et cessera par le fait même d'être une source de souffrance. L'amour ordinaire, entaché de possessivité, mène inévitablement à la souffrance. Tôt ou tard, cet amour partial s'estompera, vous laissant seul et désemparé.

La première étape consiste à s'aimer soi-même. Sachez dans votre cœur que vous méritez que l'on vous aime et que l'on prenne soin de vous. Si vous ne pouvez pas vous aimer vous-même, comment les autres pourraient-ils vous aimer ? Si vous ne vous souciez pas de ce qui peut vous arriver, il vous manque un ingrédient essentiel, et il est difficile dans ces conditions d'établir des liens avec les autres. Tout d'abord, rétablissez ce lien avec les autres en cultivant votre nature innée. Par la suite, le fait d'avoir de l'estime pour eux vous redonnera goût à la vie. L'amour est le meilleur remède contre la négativité et la douleur, alors aimez-vous, et aimez tout le monde.

COMPASSION

Vous vous demandez peut-être quelle est la différence entre l'amour et la compassion. Nous avons utilisé l'exemple d'une mère et de son enfant pour décrire la qualité illimitée de l'amour. La métaphore du boucher est une bonne illustration de la qualité illimitée de la compassion.

Si vous étiez en présence d'un boucher en train d'affûter son couteau pour se préparer à abattre un mouton sous vos yeux, comment vous sentiriez-vous ? Vous ressentiriez une tristesse insoutenable à l'idée des souffrances que cette créature innocente est sur le point d'endurer. La qualité illimitée de la compassion est ce sentiment viscéral que nous ressentons devant la douleur et la souffrance des autres.

Métaphoriquement parlant, le boucher est partout. Il nous bloque le chemin. Nous souffrons parce que ce boucher nous tue, nous vide des forces vives qui alimentent notre liberté et notre bonheur, et nous vole un temps précieux. Ce boucher représente nos émotions afflictives. Tout le monde souffre des douleurs causées par le désir, la colère, l'envie, l'avarice et l'orgueil. Ces émotions insidieuses chassent notre tranquillité d'esprit. Personne n'est immunisé contre elles.

Nous aspirons tous à la sérénité et au bonheur. Comment pouvons-nous consoler les autres et leur venir en aide si nous brandissons la lame mortelle du boucher ? Comprendre clairement et profondément que nous souffrons tous, voilà ce qui donne naissance à un authentique sentiment de compassion. Nous devons être sensibles à la douleur et aux frustrations que tout le monde endure. Il n'y a pas un seul être qui soit indigne de notre compassion.

JOIE COMPATISSANTE

Comment mettre en pratique la qualité illimitée de la joie compatissante ? Commencez par vous rappeler que tout le monde, sans exception, aspire à vivre une vie heureuse, à l'abri des épreuves. Imaginez ensuite que votre voisine vit dans une maison plus grande et luxueuse que la vôtre. Il se passe toutes sortes de choses formidables entre ces murs ; des soirées animées où tous les invités sont beaux et sophistiqués. Au lieu d'éprouver de l'envie ou du ressentiment, dites-vous : « Je trouve merveilleux que ma voisine possède une maison magnifique et connaisse autant de succès dans la vie. Puisse-t-elle être de plus en plus heureuse ! Puisse-t-elle être encore plus satisfaite et connaître encore plus de succès au cours des années à venir ! » Mettre en pratique la joie compatissante, c'est être capable de se réjouir du bonheur des autres ; et si vous faites preuve de magnanimité, vous verrez la beauté de la vie.

L'envie est le contraire de la joie compatissante. Quand nous convoitons ce que les autres possèdent, quand nous éprouvons du ressentiment à leur égard, nous faisons preuve de mauvaise volonté et ruinons nos propres chances de bonheur. Par conséquent, soyez toujours attentif à vos pensées envieuses, et purifiez cette négativité en vous réjouissant pour les autres.

Vous rencontrerez d'innombrables occasions de vous réjouir de la réussite, du bonheur et de la chance des autres. Vous réjouir du bonheur des autres vous rendra heureux. Prenez plaisir à voir le bonheur des autres, et votre propre joie s'accroîtra au-delà de toute mesure.

COMMENT MÉDITER SUR LES QUATRE QUALITÉS ILLIMITÉES

Dans la tradition bouddhiste, il existe plusieurs façons de méditer. L'une de ces méthodes consiste à pacifier les pensées perturbatrices en étant pleinement conscient de notre respiration. Une autre approche consiste à pratiquer une forme de contemplation orientée, en méditant sur la nature de l'amour, de la compassion, de la joie compatissante et de l'impartialité. Vous pouvez utiliser cette méthode à un moment privilégié ou tandis que vous vaquez à vos activités quotidiennes.

Méditez sur les quatre qualités illimitées jusqu'à ce que votre cœur soit imprégné d'un amour et d'une compassion constants pour tous. Tout d'abord, considérez les autres de manière impartiale, en vous rappelant que tout comme vous, tout le monde désire être heureux et échapper à la souffrance. Fortifié par cette compréhension des autres, souhaitez que tout le monde soit aussi heureux qu'il le désire. Aspirez à les protéger de la souffrance que vous cherchez vous-même à éviter. Finalement, ne cédez pas aux pensées malicieuses ou envieuses. Réjouissez-vous du succès et du bonheur des autres.

Cette ouverture d'esprit et cette vision magnanime des choses vous semblent peut-être inatteignables. Ne vous découragez pas. Réfléchir à ces qualités ne serait-ce que pendant quelques instants peut laisser dans l'esprit des impressions positives, transformer lentement votre attitude mentale et avoir un effet positif sur les autres. Dans la pratique bouddhiste, nous ne cultivons pas ces qualités pendant quelques jours, mois ou années. Nous méditons sur celles-ci durant toute notre vie. Par conséquent, notre vie et notre pratique ne font plus qu'un.

Durant la journée, méditez sur l'amour, la compassion, la joie compatissante et l'impartialité. La nuit, dormez en conservant ces quatre qualités dans votre cœur. Ces qualités sublimes circuleront sans arrêt en vous, et vous ferez l'expérience de quelque chose de vraiment important. Quand on entend parler de ces enseignements pour la première fois, on se sent souvent enthousiaste et inspiré, mais ce n'est qu'un aperçu, un avant-goût de quelque chose de plus profond. Vous pouvez pousser cela plus loin et poursuivre votre réflexion. Tandis que ces qualités illimitées s'épanouissent dans votre cœur, vous toucherez du doigt le cœur même de votre humanité, votre essence propre. C'est tout à fait possible, alors faites un bon usage de votre temps et actualisez votre véritable potentiel.

Un cœur pur

Rappelez-vous d'être toujours bon. Ne vous permettez pas de penser des choses négatives de quiconque. Ayez un cœur bienveillant, même pour ceux qui vous font du mal. Rappelez-vous qu'ils agissent ainsi par ignorance. Comprenez leur souffrance et leur confusion tout comme un médecin comprend les causes d'une maladie. N'ayez jamais recours à la violence et évitez les confrontations. Intéressez-vous à la vie des autres. Essayez de les élever et de les libérer de la détresse.

À ceux qui nous lancent des flèches, le Bouddha enseigne à répondre en leur envoyant des fleurs. Les fleurs représentent la beauté de la compassion. Quand nous nous heurtons à des comportements brutaux et violents, nous ne sommes pas obligés d'avoir recours nous aussi à la violence. Tout le monde mérite d'être traité avec gentillesse, car tout le monde possède une nature bouddha. C'est en faisant confiance à cette façon de comprendre le monde que l'on devient un vrai disciple du Bouddha compatissant.

Si vous vous traitez vous-même avec le plus grand respect, même votre ego, aussi obstiné soit-il, capitulera devant votre nature éveillée. Cet ego rusé et sournois n'aura plus l'occasion de vous détourner du droit chemin. En vous servant de votre intelligence naturelle, vous abandonnerez automatiquement vos vieilles habitudes égoïstes. Et par la suite, vous n'aurez plus autant de difficulté à maîtriser votre ego entêté.

Avec un cœur compatissant, chaque jour de votre vie sera rempli de joie, et cette joie s'exprimera à travers vos paroles et vos actions. En ayant de la compassion pour les autres, vous ferez pleinement l'expérience de vos relations avec les autres, et vous n'aurez jamais l'impression d'être meilleur qu'eux ou qu'ils sont meilleurs que vous. Vous accepterez tout le monde et veillerez à ce qu'ils aient tous une place dans votre cœur. Il ne vous viendra jamais à l'idée de contrarier ou d'accabler les autres, et vous ferez toujours preuve de flexibilité. Comme le feu qui brûle dans l'âtre et vous réchauffe, une beauté éternelle rayonnera de l'intérieur.

Mieux vous vous comprendrez, moins vous vous leurrerez vous-même. Plus vous serez bienveillant, moins vous serez confus. Évaluez vos progrès : êtes-vous capable d'accepter les autres ou avez-vous tendance à vous replier sur vous-même, à demeurer fermé et étroit d'esprit ? Plus vous serez ouvert, plus vous vous sentirez détendu.

Vous n'avez pas besoin d'aller à la recherche de l'éléphant quand il est déjà dans la pièce où vous êtes. Il est inutile d'aller dans la jungle et de chercher ses empreintes. L'éléphant représente la calme dignité de la compassion. L'éléphante représente la pureté de votre cœur, et ce cœur pur fait intrinsèquement partie de votre être. Vous n'avez pas à le chercher à l'extérieur, car il est en vous depuis toujours. Cette sagesse profonde et spontanée n'est rien d'autre que l'expression d'un cœur compatissant.

Naissance d'un cœur compatissant

Le cœur compatissant est inconditionnel ; par conséquent, son action est auto-libératrice. Si vous prétendez être le possesseur de cette compassion, vous contrecarrez son pouvoir libérateur. Le problème vient de nos efforts pour acquérir des choses et nous y retenir. Nous percevons rarement la beauté resplendissante des formes, des sons et des textures de notre monde phénoménal. Nous avons plutôt tendance à tout compartimenter et à vivre dans un monde unidimensionnel que nous avons nous-mêmes conceptualisé. Mais nous ne vivons pas complètement si nous ne faisons pas l'expérience de la plénitude qui émane de ce cœur compatissant, de ce cœur inconditionnel.

Vous rencontrerez peut-être des maîtres spirituels brillants et peut-être aurez-vous la chance d'assimiler des enseignements profonds, mais vous ne serez jamais pleinement épanoui si vous ne donnez pas naissance à un cœur compatissant. Nous devons donner naissance à cette vision qui nous libère des préférences et des préjugés. Le maître peut vous aider à allumer la flamme d'une compréhension compatissante. Comme le berger qui guide son troupeau vers des pâturages verdoyants, le bon maître vous guide et vous montre comment prendre soin de votre cœur. D'une certaine façon, ce cœur n'est à l'intérieur ni à l'extérieur de vous. Ce cœur est partout, et tout est dans ce cœur. De temps en temps, arrêtez-vous et examinez-vous. Demandez-vous : « Suis-je capable de prendre soin de moi-même et des autres de la même manière, avec la même qualité de compassion ? Ai-je donné naissance à un cœur compatissant ? »

Le sens profond de la compassion

Dans notre pratique, quand nous générons de la compassion, les pensées égoïstes ne trouvent aucun terreau fertile dans lequel prendre racine et se développer. Les obscurations diminuent, et nous découvrons notre nature innée, ouverte et spacieuse. L'essence de la compassion possède donc un sens très profond dans la tradition bouddhiste. En générant de la compassion, nous mettons en lumière la nature inconditionnelle et désintéressée de notre être. Les bouddhistes disent que cette nature est vide, ou en sanskrit, *shunyata*. Que signifie « vide » dans ce contexte ? Ce vide renvoie à la nature suprême de la nature de l'esprit et de la réalité, affranchie de toutes conditions relatives.

Pendant que nous contemplons et méditons, nous découvrons lentement cet état inconditionnel, inséparable de l'essence de la compassion. C'est une pratique essentielle, et l'une des meilleures qui soit. Grâce à cette seule pratique, nous pouvons parvenir à la libération. Sans elle, il est peu probable que nous accomplissions quoi que ce soit d'important ou de durable. Nous pouvons pratiquer plusieurs formes de méditation, de yoga et de rituels, mais si nous ne donnons pas naissance à un cœur compatissant — qui transcende toutes nos limites et nos frontières conditionnelles —, nous ne pourrons jamais atteindre la jouissance suprême.

Tout le monde mérite notre compassion, car en fin de compte, nous voulons tous être heureux et nous libérer de la souffrance. Tout le monde souhaite vivre pleinement sa vie. Ressentez-vous de la compassion pour les autres ? Vous souciez-vous des autres, même de ceux qui ne vous aiment pas ou qui souhaitent vous faire du mal ? Plus vous serez compatissant, plus vous serez heureux. Vous serez capable de vivre avec presque rien, car votre vie sera déjà bien remplie.

L'égoïsme est la cause de la souffrance. Vivre de façon désintéressée est la clé pour mener une vie heureuse et gratifiante. Si vous vous souciez vraiment des autres, vous n'aurez jamais l'impression d'avoir un fardeau sur les épaules. Cela ne veut pas dire que vous devez tout le temps sourire. Le véritable sourire est intérieur. On est capable de sourire à l'intérieur quand on comprend que les choses ne sont pas aussi solides ou réelles qu'on pourrait le croire. Aucune des choses que vous pouvez concevoir ne possède le pouvoir d'exister par elle-même ; seule la force de la compassion possède ce pouvoir. La force de cette compassion n'est jamais obstruée. Donnez naissance à l'énergie compatissante qui réside dans votre cœur.

Cette qualité compatissante peut se bonifier avec le temps, tout comme un fruit peut mûrir et produire un doux nectar. Essayez de voir ce potentiel chez les autres, même quand celui-ci n'a pas encore été actualisé. Alors, vous respecterez toujours les autres, et il ne vous viendra jamais à l'esprit de les dénigrer. Après cette purification, les voiles qui obscurcissaient cet éclat intérieur disparaîtront progressivement. Un souci sincère pour le monde rayonnera comme un apaisant clair de lune du plus profond de votre cœur.

Se guérir soi-même et guérir les autres

Quand nous ne pouvons pas jouir d'une liberté inconditionnelle, nous cherchons quelque chose à l'extérieur de nous-mêmes et devenons sans le savoir les victimes de nos émotions destructrices. Nous cherchons à satisfaire nos espoirs et nos désirs, et même quand nous sentons que nous avons enfin atteint la « terre promise », notre sentiment de satisfaction ne dure jamais. Nous continuons à ressentir la même insatisfaction et à désirer toujours plus.

Comment commençons-nous à nous guérir nous-mêmes ? La véritable guérison survient quand nous commençons à nous remettre de la douleur et de la déception que nous avons éprouvées dans nos efforts pour atteindre le bonheur et le succès. La santé revient quand nous nous reposons dans l'état naturel de l'esprit et que nous faisons l'expérience d'un sentiment de plénitude, libre de toutes limitations conditionnelles. Dans l'espace ouvert de notre nature inconditionnelle, nous sommes satisfaits de nous-mêmes, et pouvons communiquer avec les autres de manière amicale et respectueuse.

Un bonheur qui s'appuie sur des circonstances contingentes est par nature impermanent et sujet au changement. Quand nous avons du succès et rassemblons nos amis et notre famille autour de nous, ces conditions sont-elles fiables et stables ? Est-il possible que des plaisirs passagers nous apportent un sentiment de satisfaction durable ? Nous aimons être en compagnie de nos amis, bien manger et nous divertir, mais ces activités semblent uniquement saper notre énergie. Pouvons-nous nous arrêter et prendre le temps de regarder au plus profond de notre être ? Nous y trouverons peut-être une plus belle façon de vivre et une façon plus saine de partager nos vies.

Croyez-vous qu'il soit possible d'être libre et de ne pas dépendre des circonstances extérieures pour être heureux ? Je crois que c'est possible, puisque notre véritable essence est libre et inconditionnelle. À partir de ce fondement inconditionnel de l'être, tout surgit en tant qu'expression de notre vrai moi. Quand nous ne sommes pas conscients de ce rayonnement, nous demeurons prisonniers des ténèbres. Mais quand nous découvrons cette luminosité, les ténèbres s'évanouissent aussitôt. Alors, nous connaissons une véritable richesse intérieure et une véritable indépendance.

Notre santé spirituelle dépend de notre capacité à accepter chaque instant. Pour connaître la guérison, nous devons voir qu'il n'y a rien de plus précieux que le moment présent, qu'il nous semble prometteur ou menaçant. Quand nous percevons la richesse du moment présent et que nous sommes parfaitement conscients que c'est peut-être le dernier, nous développons une véritable passion pour notre monde. Pendant la plus grande partie de notre vie, nous sommes si obnubilés par nos petits drames intimes que nous passons à côté de ce qu'il a de magique et d'enchanteur. Purifiés de toute négativité, nous découvrons un monde qui est parfait tel qu'il est.

Notre esprit crée notre monde. C'est donc l'esprit qui doit être purifié, car tout est un reflet de l'esprit. Un miroir embué ne reflétera pas un monde magnifique. C'est à nous de décider comment nous voulons percevoir ce monde ; le monde est ce que nous en faisons et nous en sommes responsables.

La plupart du temps, l'esprit humain se raccroche à des circonstances contingentes qui changent tout le temps, chaque nanoseconde, au point de dépendre d'elles. Cela nous trouble et nous rend anxieux. Comprendre que nous sommes tous dans le même bateau nous amène à compatir avec les autres et à nous soucier de leur bien-être. Alors, nous pouvons accepter et accueillir les autres tels qu'ils sont. Moins nous dépensons d'énergie pour essayer d'influencer ce qui est incertain et changeant, plus nous guérissons rapidement, d'instant en instant.

La voie du Bodhisattva

Le bodhisattva est l'expression suprême d'un cœur compatissant. *Bodhisattva* est un mot sanskrit. Traduit en tibétain, bodhisattva donne *chang chub sempa. Chang* signifie « accompli » ou « intuitif ». *Chub* signifie « champion » ou « expert », et *sempa* signifie « celui qui a un cœur courageux ». L'expression tibétaine qui traduit bodhisattva évoque donc l'image d'une personne courageuse et accomplie qui excelle sur le plan intuitif. Donc, qui maîtrise le bodhisattva ? Qu'est-ce que cette compréhension intuitive du bodhisattva ? C'est l'expression d'une sagesse et d'une compassion naturelle et la manifestation d'un état d'éveil.

La voie du bodhisattva est très profonde. Nous avons raison de dire qu'un bodhisattva est une personne bienveillante et attentionnée qui agit de façon désintéressée. Toutefois, le sens de cette expression est plus profond que cela. Les bodhisattvas expriment naturellement et intuitivement leurs plus nobles qualités. Ils ne cherchent pas la reconnaissance des autres quand ils font une bonne action, et ils n'attendent rien en retour. Comme le soleil dans le ciel, ils brillent sur tous également, sans intention délibérée.

Les bodhisattvas sont des travailleurs infatigables. Manifestant dans toutes leurs actions l'énergie infinie de leur état d'éveil, ils ne reculent devant rien. Ils sont prêts à travailler sur leurs propres défauts et faiblesses. Ils se lient facilement avec les autres et aucun défi ne les intimide. Les bodhisattvas font vœu d'être ouverts à tous, quelles que soient les circonstances, et considèrent que les pensées et les émotions des autres sont toujours légitimes. Les bodhisattvas sont prêts à accepter chaque personne telle qu'elle est, sans la juger ou la critiquer. Ils n'essaient jamais de tromper ou de duper les autres. Ils considèrent que chaque instant est riche de possibilités et une occasion parfaite à saisir.

Vous pouvez devenir un véritable bodhisattva pour votre conjoint, vos enfants, vos voisins et vos amis. Vous devrez faire preuve de débrouillardise, car les besoins sont nombreux et les gens ont besoin d'aide de plusieurs façons différentes. Être flexible et prompt à réagir est quelque chose de magnifique. Soyez prêt à entrer en contact avec l'essence même de chaque être, sans juger leur comportement ou leur apparence. Toucher le cœur de l'autre, telle est la pratique du bodhisattva.

Quand les bodhisattvas boivent un verre d'eau, ils le boivent dans l'intérêt de tout le monde. Tandis qu'ils se libèrent de leur soif, ils souhaitent étancher la soif de tous les êtres vivants. Quand les bodhisattvas portent un nouveau vêtement, ils sont heureux ; ils s'habillent avec goût pour faire plaisir aux autres. Le bodhisattva ne pose jamais de geste égoïste ou blessant ; tout est fait dans l'intérêt des autres.

Si vous aspirez à devenir un bodhisattva, vous devez faire le vœu de ne jamais faire mal aux autres, pas même à vos ennemis. Vous devez vous engager à être au service de tous, y compris de vos ennemis. C'est la meilleure façon de grandir spirituellement, quel que soit votre passé ou votre affiliation religieuse. En faisant ce vœu, vous adoptez votre véritable essence. Il y a une chose dont je suis certain : *rien ne peut me rendre plus heureux que d'être utile aux autres, et rien ne peut me faire autant de mal que de faire du mal aux autres.* En vous engageant à vivre votre vie de façon significative, vous ne perdrez jamais espoir en l'humanité. Un bodhisattva doit être bien dans sa peau. Il n'y a rien de plus beau que de voir le monde clairement, avec un cœur ouvert et compatissant.

CHAPITRE 13

L'essence de l'esprit

Le joyau caché

Le Bouddha a dit un jour : « Quand vous aidez les autres, vous me servez ; quand vous faites du mal aux autres, vous me faites de la peine. » Avec perspicacité, le Bouddha comprenait les causes de la souffrance et à quel point nos émotions conflictuelles et les forces du karma nous font souffrir. Par conséquent, il enseignait à ses disciples à avoir de la compassion pour tout le monde, car nous nous heurtons tous aux épreuves et aux malheurs de la condition humaine.

Le bouddhisme insiste beaucoup sur la réalité de la souffrance et ses causes. Toutefois, le Bouddha nous enseigne également que cette souffrance a une fin si nous empruntons la bonne voie. Si nous ne voyons partout que souffrance, nous ne voyons que la moitié des choses. Comprendre que notre nature innée est intemporelle, pure et inconditionnée nous libère des causes à l'origine de toute cette détresse. Tant que nous ne sommes pas éveillés, nous faisons l'expérience de la souffrance. Cette vérité peut nous sensibiliser à ce tourment dont nous avons tous fait l'expérience. Plus nous sommes attentifs, moins nous sommes enclins à faire du mal aux autres. Pendant que nous suivons une voie qui nous purifie progressivement des obscurations qui nous voilent notre nature innée, notre compassion pour les autres s'accroît de son côté.

Il y avait une fois un pauvre homme qui souffrait beaucoup ; il mendiait sa nourriture dans les rues et portait des vêtements en loques. Un jour, un étranger s'est présenté et lui a raconté qu'un énorme joyau était enterré sous sa cabane. Il a expliqué au mendiant qu'il était en réalité le fils de riches parents qui avaient caché cette pierre précieuse sous la terre. Le mendiant était abasourdi par l'histoire de l'étranger, mais il n'était pas convaincu qu'il disait vrai. Toutefois, l'étranger a finalement persuadé le mendiant de creuser sous sa cabane, où il a trouvé un précieux diamant.

Les causes de la souffrance n'ont pas d'emprise sur la pure essence de l'esprit. Cette pure essence est notre trésor. Une fois que nous avons découvert ce joyau qui nous appartient depuis toujours, nous n'éprouvons plus le moindre sentiment de manque. En apprenant à faire confiance à notre vraie nature et en suivant une voie digne de ce nom qui nous purifie de nos obscurations, nous pouvons réclamer notre héritage et vivre une vie enrichissante et significative. Par la suite, parce que nous nous soucions de la souffrance des autres, nous pouvons les aider à déterrer leur propre inestimable joyau.

Un océan de sagesse

Nous vivons avec l'illusion d'un « moi » et d'un « toi », et pourtant, ce sont deux créations de l'esprit conceptuel. L'esprit renforce l'illusion d'un moi et d'un toi en ayant recours à des mots, à des concepts et à la force de l'habitude.

Un jour, votre meilleur ami tombe malade ; vous êtes malheureux et vous vous dites : « Oh non, mon meilleur ami se meurt ! » Mais si vous entretenez l'idée d'une amitié sans fin, vous le faites en dépit de la réalité de l'impermanence. Vous récoltez la douleur et la souffrance que vous avez semées, car cette séparation est inévitable. Pouvez-vous aimer votre ami à chaque instant sans devenir prisonnier de votre conception de l'amitié ? Tandis que vous réfléchissez à vos liens d'amitié et surveillez attentivement le va-et-vient de vos pensées, vous découvrirez comment l'esprit fonctionne. La nature de l'esprit est-elle quelque chose de tangible ? Les pensées existent-elles vraiment ?

Toutes nos perceptions, pensées et émotions sont semblables à des bulles remontant à la surface des profondeurs d'un vaste océan. Elles ont des causes et sont soumises à une foule de conditions. Elles dépendent de l'air et du mouvement des eaux. Tous les phénomènes, y compris vos pensées et vos émotions, sont des expressions dynamiques de l'énergie, surgissant et disparaissant tour à tour. Vous ne pouvez pas saisir une bulle et la garder dans votre main. Votre famille, vos amis et tous vos biens sont semblables à des bulles qui remontent de l'essence naturellement vide de l'esprit, de l'océan de sagesse. Les bulles ne sont pas la source de votre bonheur ; cette source se trouve dans l'océan de sagesse. Par conséquent, même quand les bulles éclatent, votre joie demeure. Cette effervescence est en réalité un spectacle magnifique. Quand vous l'aurez compris, vous serez inspiré à nager comme un poisson dans l'océan de sagesse.

Nous n'avons pas à considérer le cycle continu des naissances et des morts comme quelque chose de négatif ; nous pouvons, au contraire, y trouver une force. Ceux qui ont peur de la naissance et de la mort essaient d'accepter ou de rejeter leur expérience, ces bulles qui éclatent à la surface de l'océan. Si vous comprenez la nature des bulles, vous pouvez plonger sans crainte dans ce vaste océan et jouir d'une totale liberté. Si l'une de ces terrifiantes bulles éclate, vous ne vous laisserez pas duper par son apparente existence. Laissez la bulle être une bulle, et elle éclatera d'elle-même. Métaphoriquement parlant, tandis que les bulles éclatent les unes après les autres, elles se libèrent d'elles-mêmes de façon naturelle par le biais de la pleine conscience. Quand vous aurez saisi leur essence, vous serez complètement libéré de la confusion engendrée par vos propres projections.

La nature de la pensée

Surveillez constamment, observez constamment le fonctionnement de votre esprit et le va-et-vient de vos pensées. Vous devriez toujours essayer de mettre en pratique cette vigilance dans votre vie quotidienne, de saisir l'essence des enseignements du Bouddha. Vos pensées n'ont pas de fin. Soyez vigilant ! Ne jouez pas avec vos pensées. N'ayez pas peur de vos pensées. N'essayez pas de les fuir. N'essayez pas de les retenir. Ne les ignorez pas. Ne les dédaignez pas. Et ne vous identifiez pas à elles.

Examinez plutôt la nature de ces pensées. D'où viennent-elles ? Les pensées existent-elles vraiment par elles-mêmes, de façon indépendante ? Ont-elles un quelconque pouvoir ? Quelle est la nature des pensées ? Essayez de répondre à ces questions. Si vous ne vous attachez pas à vos pensées, elles n'auront aucun pouvoir sur vous. Les pensées ont besoin de s'appuyer sur quelque chose pour exister. Elles n'ont pas plus de substance que le vent qui siffle entre les branches. Vous ne devriez pas vous en occuper ou les retenir. Comprenez simplement que toutes les pensées surgissent en tant qu'énergie, et que cette énergie est la manifestation de la claire nature de l'esprit.

Reconnaissez cet état. Évitez toutefois de vous attacher à cette compréhension, croyant ainsi avoir tout compris ; ce genre d'attitude n'est qu'une forme d'hubris. Quand l'état naturel devient notre réalité, le turbulent « moi » se dissipe comme la brume du matin.

Nous sommes conditionnés par nos pensées et nos émotions, et tombons facilement dans leur toile. Nous nous disons : « Je dois accomplir quelque chose pour moi-même. Je dois travailler à mon propre bonheur. » Il n'est toujours question que de *moi, moi, moi* et de ce qui m'appartient. Voilà la cause de notre souffrance. Demandez-vous : « Qui suis-je ? Qu'est-ce qui m'appartient ? » Si vous pouvez porter attention à toutes vos pensées sans vous prendre dans leur toile, vous pouvez vivre pleinement votre vie. Pensez à ce sentiment de liberté : ne pas être embourbé à chaque instant dans le « moi » et le « mien ». Chaque instant devient un événement authentique durant lequel se manifeste son pur potentiel. Imaginez les possibilités ! Pensez à toute cette énergie spontanée !

Comme une rivière

Examinons clairement ce qu'est l'esprit. Des pensées apparaissent continuellement. Elles surgissent sans rencontrer d'obstacles. L'énergie de chaque pensée est fraîche, brute et directe. Nos pensées apparaissent et traversent spontanément l'esprit de façon naturelle et innocente, comme des nuages dans le ciel. Mais nous semblons ressentir un besoin irrésistible de manipuler notre paysage mental. Nous acceptons ou rejetons nos pensées. Nous retenons les pensées agréables et essayons de réprimer celles qui nous troublent. Nous sommes comme des artistes peu doués qui apportent des retouches à un chef-d'œuvre en ajoutant des coups de pinceau inutiles.

Certains maîtres spirituels recommandent de lâcher prise, d'observer nos pensées ou de les arrêter dans leur course. Pourtant, il est important d'examiner la question et de se demander : Qui lâche prise ? Qui observe ? Qui arrête quoi ?

Une rivière est constamment en mouvement, s'écoulant et se transformant sans arrêt. Nous imaginons qu'elle est toujours la même, jour après jour, mais ce n'est pas le cas. À chaque instant, elle se reconfigure ; toujours neuve, toujours renouvelée. Nous lui apposons l'étiquette de « rivière », mais cette rivière, telle que nous la concevons, n'existe pas au sens absolu du terme.

La rivière continue simplement à s'écouler. Dans cette fluidité, un changement constant s'opère, mais la rivière ne discrimine pas.

La rivière ne se raccroche pas à la jolie fleur qui flotte à sa surface. Quand la rivière charrie un cadavre, cela ne la dégoûte pas. La rivière ne choisit pas. Elle ne porte pas de jugement.

L'énergie de notre vraie nature est semblable à cette rivière. Les belles choses n'améliorent pas notre vraie nature, et les choses répugnantes ne la souillent pas. Observant la scène depuis la rive, nous convoitons la jolie fleur, mais nous sommes révoltés par le cadavre. Celui qui observe, c'est l'ego, habité par une foule de préférences et de prédispositions arbitraires. Quand nous ne sommes pas conscients de notre nature éveillée, nous sommes agités et confus. Nous n'arrivons pas à nous détendre et à nous reposer. Nous sommes comme un surfeur impatient qui attend la prochaine vague. Si une grosse vague approche, il ne se tient plus de joie, mais après l'avoir chevauchée, il se remet à attendre impatiemment la suivante. L'agitation vient de l'esprit du surfeur, et non des vagues.

Les pensées et les émotions sont des expressions de l'esprit. L'état d'esprit ouvert et spacieux est exempt de toute attente, et c'est pourquoi il n'est jamais déçu. L'ego est accablé par toutes sortes d'espoirs et de craintes, et ressent le besoin obsessif de maîtriser tous ses paramètres. Voilà la source de notre souffrance.

Le miroir primordial

Le miroir de l'esprit réfléchit tout ce qu'il y a devant lui. Que voyez-vous dans ce miroir ? Vous voyez des choses merveilleuses et des choses terribles, des choses qui vous rendent heureux et d'autres qui vous chagrinent, des choses belles et des choses laides. Je vous suggère de considérer toutes ces choses comme de simples reflets ni bons, ni mauvais, ni beaux, ni laids. Comme des étoiles se reflétant à la surface d'un lac, tout est à sa place. Regardez dans le miroir et voyez ce qui s'y reflète. Ouvrez les yeux. Appréciez ce qui apparaît dans le miroir.

Ce miroir est à l'image de votre vraie nature, de votre bonté fondamentale. Il incarne le bon sens élémentaire. Une sagesse intemporelle. Appréciez ce miroir et voyez les choses qui vont et viennent à sa surface. Voyez-les dans leur totalité. Le potentiel du miroir est infini ; il peut tout refléter. N'appréciez pas seulement les bonnes choses ; appréciez tous les reflets, sans porter de jugement.

Quand des images se reflètent dans notre essence-miroir, nous sommes souvent prompts à les juger. Nous voulons évaluer ces reflets. Au lieu de reconnaître la pureté de cette essence-miroir, nous évaluons ce qu'elle reflète. Nous nous identifions à ces reflets. Quel manque de compassion ! Quel malheur de juger les choses d'une façon aussi illégitime et de perdre ainsi notre liberté !

Peu importe ce que reflète cette essence, nous pouvons rester sereins, sans accepter ou rejeter quoi que ce soit. Pourtant, comme il nous arrive souvent de choisir entre les deux ! C'est un gaspillage d'énergie, puisque l'essence elle-même n'accepte ni ne rejette rien. Nous nous privons ainsi de notre liberté naturelle. Il est insensé de s'approprier les beaux reflets et de rejeter ceux qui sont laids. Comme il est extraordinaire d'être totalement libre, sans condition, sans jugement, comme un miroir !

Essayez de le voir clairement. De le voir directement. De le voir à l'état brut. Au sein de l'essence de l'esprit, tout survient, tout s'évanouit. Cette essence est pure, mais nous arrive-t-il souvent de faire l'expérience de cette pureté ? Nous arrive-t-il souvent de reconnaître la nature essentielle de notre être ? Reconnaissez que la nature de ce miroir ne change jamais. Elle n'a ni commencement ni fin. Qui n'aimerait pas posséder un tel miroir ? N'est-ce pas intéressant ? Il ne rejette jamais votre visage, même quand il est laid et en colère. Il est toujours flexible et authentique. Alors, assoyez-vous un instant et ne faites qu'un avec le miroir, où ce qui perçoit n'est pas une entité distincte de ce qui est perçu.

La nature du miroir est courageuse ; celle de l'ego est craintive. Le miroir nous lance des défis ; l'ego s'enfuit. Le miroir est digne ; l'ego est arrogant. Le miroir n'essaie pas de retenir ce qu'il reflète. L'ego s'y raccroche, croyant que ces reflets existent réellement. Le miroir est absolument sans défaut et ignore l'agitation. L'ego est voilé et limité par toutes sortes de contraintes. Nous sommes victimes de ce genre d'illusions quand nous ne sommes pas capables de demeurer dans cette essence pareille à un miroir, quand nous fuyons et essayons de devenir autre chose que ce que nous sommes.

Nous devrions être intrigués par ce qui apparaît dans le miroir. Il est flexible, mais ne vacille pas. Nous n'avons pas assez de mots pour louer toutes ses merveilleuses qualités. C'est quelque chose d'inexprimable, au-delà de toute description. Jour et nuit, ce miroir est capable de tout refléter. Il rayonne sereinement, vingt-quatre heures sur vingt-quatre.

Pouvez-vous prétendre que votre jugement est correct quand cette essence-miroir ne porte aucun jugement ? Qui juge vos forces et vos faiblesses ? Si vous saviez comme il est merveilleux de ne pas avoir peur d'être jugé ou évalué par les autres ! C'est à la seule condition de ne faire qu'un avec votre essence que vous pouvez jouir de cette liberté.

Pourquoi nous presser, nous précipiter et tourner en rond, alors que nous ne pouvons rien accomplir de la sorte ? Nous serons parfaitement épanouis et satisfaits uniquement quand nous aurons appris à ne faire qu'un avec ce qui est accompli. Reconnaître la pure nature de l'esprit et y demeurer est l'accomplissement suprême. Comme il est libérateur de savoir que cette perfection pleine et entière est à notre portée. Elle est en nous depuis toujours. Elle est si proche, et pourtant, nous l'avons ignorée. N'est-il pas temps de réaliser cette véritable essence ?

CHAPITRE 14

Sous la conduite du maître

Les bénédictions de la lignée

J'ai découvert le bouddhisme à l'âge de quatre ans. Je me rappelle que je préférais jouer avec des objets servant aux rituels plutôt qu'avec des jouets d'enfants. C'est à cette époque que j'ai commencé à étudier et à suivre une formation dans la tradition vajrayana. Plus tard, j'ai fréquenté une université bouddhiste près de Deer Park, à Sarnath, où le Bouddha a prononcé son premier sermon. Après l'université, j'ai rencontré mon maître-racine ; celui qui m'a fait découvrir ma véritable nature. Pour moi, mon maître est le Bouddha en personne. Il n'y a aucune différence entre la sagesse de mon maître et celle du Bouddha. Toutefois, mon maître est plus gentil avec moi que le Bouddha. Heureux de notre rencontre de bon augure en cette vie, il m'a aidé à étudier les enseignements les plus profonds, à chasser mes doutes et à découvrir l'essence éclairée inconditionnelle.

Je ne pense pas posséder de trésors de sagesse à partager ; toutefois, je suis très joyeux et confiant. Je porte en moi la douce bénédiction de mon maître, qui porte lui aussi la bénédiction de son propre maître, dont la lignée remonte jusqu'au Bouddha lui-même. Ces bénédictions sont vivifiantes et vivantes. Vous pouvez vous réjouir et vous pouvez sourire, car vous possédez la nature du Bouddha en vous, le potentiel pour vous éveiller spirituellement. Cet énorme pouvoir de compassion est à votre portée. Ressentez cette possibilité en vous. Tous les maîtres de notre lignée ont possédé cette qualité éclairée et ont vécu une vie imprégnée d'une affection et d'un souci sincères pour tous les êtres.

La nécessité d'avoir un maître

Notre nature innée est au-delà de toute condition causale, sereine et parfaitement calme. Mais si nous n'actualisons pas notre nature innée, il y aura toujours en nous de l'agitation et de la détresse. La pratique sérieuse de la méditation peut nous aider à nous libérer de l'anxiété et du stress. Avec la bénédiction d'un maître, la pratique de la méditation nous fait découvrir le sol immuable sur lequel nous pouvons nous tenir et demeurer au repos. Il existe plusieurs façons de méditer ; toutes ne conviennent pas à tout le monde. Vous devriez trouver un maître qui peut vous fournir une formation individuelle qui convient à votre tempérament et à votre mode de vie.

Comme le Bouddha nous a enseigné que nous possédons tous une sagesse innée, nous pourrions penser que la supervision d'un maître n'est pas nécessaire et que nous pouvons nous engager sur la voie spirituelle sans aide extérieure. Malheureusement, l'ego a plus d'un tour dans son sac, comme un arnaqueur passé maître dans l'art de tromper ses victimes. Si nous procédons sans l'aide d'un maître, nous risquons de perdre un temps précieux et de ne jamais réaliser notre essence. Sur la voie de l'éveil, toutes sortes de choses peuvent nous faire dévier du droit chemin. Choisir la voie de l'amateurisme peut s'avérer aussi désastreux que de pratiquer une opération à cœur ouvert après avoir lu comment faire dans un livre.

Il est très important de trouver un authentique maître bouddhiste, un ami qui peut vous guider et vous aider à vous tenir sur vos deux pieds. Un maître authentique est quelqu'un qui a été formé par des années de sacrifice personnel, d'apprentissage et de discipline. Un tel maître a subjugué son ego et se comporte avec humilité. Ayant reçu les conseils et les instructions de maîtres réalisés, cette personne a reçu les bénédictions et le pouvoir d'une pure lignée. Les maîtres authentiques incarnent la compassion universelle et traitent chaque individu en fonction de ses besoins. Ces maîtres d'une grande sagesse sont des mentors dignes de notre confiance et des guides infaillibles.

Si vous avez la chance de trouver un maître authentique, approchez-le d'une manière amicale et respectueuse. S'il voit que vous êtes sincèrement intéressé et déterminé à suivre ses enseignements, il vous offrira conseils et soutien. Vous trouverez ensuite un terrain d'entente où vous rencontrer et établir des rapports enrichissants. Ce terrain d'entente est la compassion, la chaleur de la bienveillance qui aspire à soulager la souffrance des autres. Rencontrer mon propre maître m'a donné le courage de dompter mon ego et de mettre au monde un cœur compatissant. Il est donc essentiel de maintenir cette perspective dans vos relations avec votre propre maître.

Quand vous aurez tissé des liens avec votre maître, votre confusion se dissipera et vous ressentirez un profond sentiment de compassion dans votre cœur chaque fois que vous penserez à lui. Vous serez alors certain d'avoir trouvé votre maître. Grâce aux soins et aux conseils d'un maître compétent, votre croissance spirituelle prendra appui sur une base solide. Vous acquerrez une force véritable et cultiverez un mode de vie authentique.

Respect et appréciation

Dans notre tradition, se souvenir de la bonté du maître et invoquer sa bénédiction peut nous apporter une grande joie et de nombreux bienfaits. Sur la voie bouddhiste, nous considérons que tous ceux qui nous ont appris quelque chose sont dignes de notre plus haute estime. Respect et appréciation nous rendent plus ouverts et plus réceptifs. Quand l'argile est chaude et souple, le potier peut lui donner de magnifiques formes.

Une personne humble est flexible et peut apprendre rapidement. L'orgueil et l'arrogance nous barrent l'accès à la sagesse. Miner notre propre vanité est une pratique fondamentale sur la voie bouddhiste. La fierté égoïste vient de l'ignorance, et non de la sagesse. Quand la sagesse brille, l'orgueil cède la place.

En rendant hommage à notre maître, nous attirons sur nos têtes la bénédiction de milliers d'années de profonde réalisation et de sagesse. Notre maître, qui détient le trésor de la sagesse du Bouddha, est l'incarnation de l'illumination. La bonté de mon propre maître dépasse toute mesure. Dans ses relations avec moi, pas une seule pensée égoïste ne traverse son esprit, qui est uniquement rempli de la chaleur et de la lumière de son attention désintéressée. Que votre maître soit près ou loin de vous, vous êtes toujours accompagné par la splendeur de sa sagesse naturelle et de sa richesse intérieure. À l'intérieur de ce mandala sacré[17], il n'y a pas de place pour l'étroitesse d'esprit et les comportements peu enthousiastes. Nous avons tous le potentiel nécessaire pour nous éveiller spirituellement, et pourtant, il vaut mieux suivre les conseils d'un maître qui détient le pouvoir de sa lignée et qui jouit d'un lien pur et direct avec les bénédictions du Bouddha.

17. *Mandala* est un mot sanskrit qu'on peut traduire littéralement par « centre et circonférence ». Dans ce contexte, le mandala renvoie au domaine d'activité du maître spirituel et de ses élèves.

Bonté inconditionnelle du maître

Sans l'aide d'un maître, les chances d'un éveil spirituel complet sont plutôt minces, à moins que la personne soit exceptionnellement douée d'une intelligence naturelle qui peut la libérer sur-le-champ. Les gens ordinaires comme nous ont besoin de suivre un maître. Si nous sommes attentifs et prenons à cœur ses enseignements, nous aurons les moyens de découvrir notre vraie nature.

Dans le monde capitaliste, avec toutes nos libertés et nos ressources, nous avons tendance à penser que nous pouvons facilement obtenir tout ce que nous désirons. Mais ces enseignements profonds et sacrés ne s'achètent à aucun prix. Vous devez approcher ces enseignements d'une façon appropriée, en comprenant que vous souffrez des symptômes du karma et des émotions afflictives. Imaginez que vous souffrez d'une maladie. Votre maître est un habile médecin, et ses enseignements sont le remède qui vous guérira. Si vous faites confiance au médecin, vous suivrez ses recommandations. Si vous mettez sincèrement en pratique les enseignements du Bouddha, vous guérirez de la maladie chronique du samsara.

Seul le maître est d'une aide et d'une bonté inconditionnelles, en nous montrant la façon de vivre la plus honnête et la plus significative qui soit. Nos parents et nos amis peuvent nous soutenir, mais leurs conseils sont souvent inefficaces et ne s'attaquent pas à la racine de nos problèmes. Ils nous offrent leur amour, mais leur amour est souvent conditionnel. Le maître est bon parce qu'il honore et respecte notre nature innée, et sa bonté est inconditionnelle. Quand vous aurez fait l'expérience de la bonté inconditionnelle du maître, cela vous inspirera à manifester de la dévotion envers votre maître et par le fait même à honorer votre vrai moi.

Avoir de la dévotion et du respect pour votre maître vous encouragera à vivre le moment présent. Vivre pleinement dans l'instant est le plus beau cadeau que vous puissiez vous faire, à vous et à votre maître. La manifestation du maître est l'expression de votre essence. Si vous avez foi en votre maître et que vous lui faites confiance, vous réaliserez l'essence de votre être. La prière et la dévotion, pratiquées avec ferveur, peuvent rapidement dévoiler votre nature innée. Vous ne trahirez jamais cette essence si votre dévotion est sincère. Comme le disait un jour un grand maître bouddhiste : « Quand les paroles du maître entrent dans votre cœur, c'est comme si vous teniez un joyau précieux dans la paume de votre main. »

Depuis l'époque du Bouddha, l'état d'éveil a été atteint par tous les maîtres de la grande lignée. Le maître, qui représente l'état d'éveil, est une source d'inspiration pour les autres. L'union avec le maître survient quand vous reconnaissez la sagesse et l'esprit du maître au cœur même de votre être et que vous ne faites qu'un avec la vraie nature du moi. À partir de ce moment-là, la réalisation du maître et vous devenez inséparables. La véritable dévotion inspire un amour profond, ainsi qu'un sentiment de loyauté et de dévouement ; ce n'est pas un fanatisme aveugle ou insensé. La dévotion au maître est la pratique la plus profonde et la plus vénérée au sein de notre lignée. Si vous avez une dévotion sincère pour votre maître, vous atteindrez la véritable réalisation et serez capable de faire vraiment confiance à votre essence primordiale.

Le but de cette pratique est de demeurer au repos en vous familiarisant avec votre vraie nature. Demeurer au repos est la clé. Le maître cherchera à partager avec vous cette vérité, qui est sa façon à lui de servir son propre maître. Le maître peut vous montrer le chemin, mais vous devez d'abord vous montrer digne de sa supervision. Vos résultats dépendront de votre dévotion pour votre maître et de votre assiduité dans votre pratique.

Le maître est un guide indispensable sur la voie de la découverte. La joie et la satisfaction dont vous ferez un jour l'expérience viendront de la bénédiction de votre maître. En gardant cela à l'esprit, la dévotion et le respect pour le maître doivent venir sans effort. Votre amour et votre préoccupation pour tous les êtres doivent se manifester de façon naturelle. Vous devez ne faire qu'un avec l'esprit de sagesse et le cœur compatissant de votre maître. Grâce à ces signes, vous saurez que vous êtes sur la bonne voie. Dans le cas contraire, vous saurez qu'il vous manque le cœur et l'essence.

Le maître est partout

Quand vous respectez le maître, vous reconnaissez vos propres qualités nobles. Le maître est l'expression de votre propre bonté. Quand vous invoquez le maître, vous faites appel à la bonté qui existe déjà en vous. En rendant hommage au maître, vous pouvez faire face à toutes les situations. Quand vous aurez établi des liens avec le maître et sa lignée, vous serez capable de maintenir votre intégrité vingt-quatre heures sur vingt-quatre.

Vous verrez que le maître est partout. Le moineau qui chante dans le jardin évoque la mélodie sous-jacente aux conseils de votre maître. La magnifique forêt verdoyante évoque la forme de votre maître, vous incitant à célébrer cette vie merveilleuse. Le vif courant du ruisseau qui traverse les bois évoque le geste de votre maître, démontrant que la vie passe rapidement et que vous devez saisir chaque instant avec vigilance et attention. Quand les arbres se parent de magnifiques couleurs à l'automne, les feuilles chassées par le vent évoquent le discours du maître sur l'impermanence des choses.

Grâce à ce lien sacré, vous serez toujours inspiré et assisté spirituellement, que votre maître soit près ou loin. Vous ne tomberez jamais dans le piège des apparences, aussi séduisantes soient-elles, sachant qu'elles deviennent inévitablement une source d'attachement et de souffrance. Sur la voie bouddhiste, vous avez énormément de chance si vous pouvez tisser des liens avec un maître authentique et une lignée connue pour sa pureté.

Geste de dévotion

Si vous vous appliquez à pratiquer la méditation, vous serez capable de vous superviser en tout temps. Vous serez responsable de vos actions. En maintenant un état d'esprit clair et éveillé, vous assisterez tous ceux que vous rencontrerez avec intelligence et habileté, et vous n'aurez plus besoin de la présence physique de votre maître à vos côtés. Vous serez alors inséparable de la sagesse du maître.

Quand vous faites preuve de respect envers le maître, vous rendez hommage à votre propre sagesse innée. Quand vous êtes conscient de votre nature innée, vous vous appréciez vous-même. Quand vous appréciez qui vous êtes, vous consacrez naturellement du temps et de l'énergie à essayer de comprendre votre maître. Vous pratiquez pour vous-même, mais pas dans un but égoïste. Vous apprenez à faire confiance à la qualité indestructible qui existe en vous. Et quand vous lui ferez pleinement confiance, vous vous respecterez vous-même et vous respecterez le maître.

Le geste que nous utilisons pour manifester notre respect envers le maître est appelé *anjali mudra* en sanskrit. Nous ramenons ensemble les paumes de nos mains à la hauteur du cœur et prions le maître de nous accorder sa bénédiction. Quand nous joignons les mains de cette façon, nous ne posons pas un geste ordinaire et vide de sens. Nous sommes sincères et habités par un immense sentiment de gratitude et d'appréciation. Avec confiance et conviction, nous nous abandonnons à la sagesse naturelle incarnée par notre maître.

Nous touchons le centre du cœur en gardant les mains jointes. La main droite symbolise la compassion et la main gauche symbolise la sagesse. Un peu comme si nous réunissions les pôles négatif et positif d'une pile, nous faisons jaillir la lumière en joignant les mains de cette façon. Nous appuyons sur le commutateur et la lumière fuse de notre cœur. Tout à coup, il n'y a plus de tristesse ni obscurité. Nous pouvons alors sourire et nous réjouir. Une dévotion sincère apporte une véritable clarté dans notre cœur.

Maître lumineux

En matière de pratique spirituelle, il est parfois difficile de persévérer. Même si nous sommes tracassés ou désillusionnés par les événements de la vie quotidienne, nous trouvons quand même un réconfort dans l'idée que des temps meilleurs sont à venir. Il y a tant de possibilités attrayantes et de solutions séduisantes, tant d'obstacles qui peuvent entraver notre pratique spirituelle ou, pis encore, nous convaincre d'y renoncer.

Le fait est que parmi ceux qui pratiquent ces enseignements, très peu sont vraiment convaincus de ce qu'ils font. C'est malheureux, car ils passent à côté d'une occasion rare et précieuse. Il est tout à fait possible que nous cédions à la tentation de faire semblant, de prétendre que nous sommes engagés sur une voie spirituelle parce que nous nous adonnons à telle ou telle pratique, que nous suivons les enseignements de tel ou tel maître. Toutefois, nous devons être honnêtes avec nous-mêmes. Durant notre voyage spirituel, nous devons être prêts à avaler la pilule, même si elle a un goût amer. Nous ne pouvons pas découvrir la nature profonde de notre essence inconditionnelle avant d'avoir purifié notre karma et nos obscurations.

Il n'est pas étonnant qu'après avoir atteint la pleine réalisation, le bouddha Shakyamuni ait décidé de demeurer dans la forêt et de garder le silence. Après que plusieurs chercheurs lui aient adressé des requêtes passionnées, il a finalement commencé à prêcher, mais il n'a jamais laissé entendre que ses enseignements à eux seuls pouvaient libérer les gens de leurs souffrances. Le Bouddha a bien fait comprendre qu'il pouvait mener un cheval à la rivière, mais qu'il ne pouvait pas le forcer à boire. Par conséquent, la lignée du seigneur Bouddha n'est pas du tout prétentieuse.

Avant d'entreprendre notre voyage, nous devons comprendre ce que nous faisons et pourquoi. Nous ne devons jamais suivre quelqu'un aveuglément. Nous devons nous servir de notre intelligence. Nous devons examiner et poser des questions jusqu'à ce que nous soyons suffisamment confiants et sûrs de la personne. Alors, et seulement alors, nous pouvons aller de l'avant.

Si vous empruntez cette voie avec sincérité, vous aurez peut-être à l'occasion l'impression d'être bien seul. Il se peut que vous ayez de la difficulté à vous faire une place parce que les formes et les couleurs qui vous entourent ne vous semblent pas naturelles. Vous n'aurez peut-être pas tellement envie de vous associer à ces formes et ces couleurs inquiétantes. Mais ne perdez pas courage. Vous devriez vous estimer heureux de suivre une voie infaillible qui mène à une destination vraiment digne d'être atteinte.

Si vous êtes sincère, vous n'allez pas chercher de l'aide extérieure chaque fois que vous traversez une mauvaise passe. Vous ne cherchez pas une épaule sur laquelle pleurer. Peu importe ce qui arrive, vous affrontez la situation et prenez les choses en main. Quand vous ressentez de la douleur et de la tristesse, vous devez être prêt à confronter ces émotions, ici et maintenant. Affrontez chaque instant comme si c'était le dernier. Refusez de chercher dans le passé un réconfort superficiel ou d'avoir une confiance aveugle dans l'avenir. Avec une attention limpide, vous abordez chaque instant tel qu'il est.

Si vous établissez un contact avec un maître qualifié et persévérez dans votre pratique, vous retirerez de nombreux bienfaits de votre dévotion. Toutefois, dès que vous vous laissez distraire et que vous cessez d'être attentif, en moins de deux, vous perdez contact avec le maître. Quand vous êtes vigilant et concentré, votre relation avec le maître est pure et profonde. Alors, vous ne faites qu'un avec la sagesse et la compassion du maître. C'est le maître lumineux, et il n'y a rien de plus profond que cela. Le maître qui vous fait découvrir votre vraie nature est l'incarnation matérielle du maître lumineux. Vous chérissez son immense bonté et prenez à cœur ses enseignements et ses instructions.

Vous perdez le maître de vue dès que vous vous laissez distraire. Par conséquent, ne permettez pas à votre esprit de rêvasser. Vous perdez le maître de vue quand vous vous attachez à ce dernier. Par conséquent, ne vous cramponnez pas au maître. Au cœur du maître lumineux, tout est d'une parfaite clarté, et les liens qui nous unissent à lui sont durables. Dans notre tradition, tandis que nous marchons, nous visualisons le maître au-dessus de notre tête ou de notre épaule droite. Quand nous buvons une tasse de thé, nous offrons mentalement la première gorgée au maître en signe de reconnaissance, et quand nous prenons un repas, nous offrons notre nourriture au maître en pratiquant la pleine conscience. Au moment de nous endormir, le maître demeure dans notre cœur, et nous dormons paisiblement jusqu'au matin.

Quand vous n'êtes pas distrait, sur quoi pourriez-vous méditer ? Il est nécessaire de méditer uniquement quand votre esprit se met à vagabonder. Préserver la continuité de l'attention est la forme suprême de méditation. Être capable de demeurer au sein de cette pure attention est la bénédiction suprême du maître. Vous désirez alors être inséparable de cette réalisation et vous la gardez dans votre cœur. Vous avez envie d'être avec le maître nuit et jour. Aucune autre relation ne se compare à cette relation privilégiée. Quand vous êtes uni à la sagesse du maître, la luminosité inconditionnelle — le véritable visage de votre être — apparaît au grand jour.

CHAPITRE 15

Courage

À LA RECHERCHE DU PARADIS

Nous essayons souvent de modifier et de manipuler les circonstances de notre vie, et cela rend encore plus difficile la découverte de notre authentique mode d'existence. Nous voulons améliorer les choses parce que nous ne voyons pas la beauté du monde tel qu'il est.

Suivre une voie spirituelle ne consiste pas à fuir devant l'adversité. Quand nous commençons à pratiquer la méditation, il se peut que nous ayons l'impression d'avaler une pilule amère dont les effets secondaires sont pour le moins désagréables. Tandis que nous mettons en sourdine notre esprit décousu, nous ressentons parfois du chagrin et de la douleur. En réalité, la douleur était déjà là, enfouie sous la surface. Nous l'avions tout simplement recouverte d'une épaisse couche d'activités physiques, mentales et émotionnelles, comme un toxicomane qui essaie d'étouffer sa souffrance en prenant des drogues.

Quand la pure énergie est déformée par notre confusion et notre égoïsme, elle se manifeste de façon nuisible et destructrice. Nous nous sentons alors menacés par les pensées et les émotions perturbatrices, et nous tentons de leur échapper en nous lançant dans toutes sortes d'activités frénétiques. Nous rêvons à un mode de vie différent qui n'a pas grand-chose à voir avec la réalité. Mais au lieu de nous libérer de la douleur et de l'anxiété, nous renforçons notre ego et ne trouvons jamais le temps d'accéder à la véritable liberté. Comme nous ne vivons pas pleinement le moment présent, nous ne pouvons pas incarner un authentique mode d'existence.

Nous devrions nous demander dès le début pourquoi nous engager sur une voie spirituelle. Il semble que plusieurs s'intéressent à la spiritualité parce qu'ils désirent atteindre le « paradis ». Malgré toutes les épreuves que nous devons surmonter, nous sommes déterminés à trouver dans nos vies une beauté et une paix qui soient stables et durables. Mais les situations dérangeantes et désagréables ont pour effet de nous ébranler. Soupçonnant que nous ne sommes pas capables de maintenir l'état de sérénité et de sécurité que nous avions envisagé, nous devenons craintifs et inquiets. Nous nous mettons à paniquer. À moins de changer fondamentalement notre approche de la spiritualité, peu importe vers quoi nous nous tournons, nous ne trouverons jamais la voie qui mène à un épanouissement durable.

Chaque instant de notre vie est un nouveau défi. Nous devons rester calmes et être prêts à agir. Nous devons être prêts à faire face aux événements troublants à mesure qu'ils surviennent. C'est la raison pour laquelle nous pratiquons la méditation. La méditation suprême consiste essentiellement en ceci : apprendre à relever tous les défis.

Comment faire face à tous ces défis ? Dans le *Sutra du Cœur*, qui comprend les enseignements du Bouddha sur la sagesse, ce dernier nous dit : « Comme il n'y a plus d'obscuration de l'esprit, il n'y a plus de crainte. » Quand nous sommes capables d'accepter les choses telles qu'elles sont, nous pouvons accueillir chaque instant sans crainte. Chaque être et chaque chose possède un courage naturel. Notre nature fondamentale ignore la peur. Nous comprenons que la peur n'est pas un obstacle insurmontable quand nous nous rendons compte que la beauté et l'ordre auxquels nous nous raccrochons — et craignons de perdre — ne possèdent pas d'essence. Tout est contingent et sujet au changement. La croyance selon laquelle nous devons manipuler et contrôler les choses est infondée. Cette façon de penser erronée est l'obscuration que nous devons purifier.

Face à l'incertitude

Comme le veut le dicton, « La familiarité engendre le mépris». Toutefois, l'ego adore la routine et se raccroche à tout ce qui est familier. Face à l'incertitude, l'ego est aussi nerveux qu'un cheval apeuré. Pour surmonter cette peur, soyez attentif à la peur au moment où elle survient. Observez attentivement ce qui se passe chaque fois qu'un sentiment de malaise ou d'appréhension déclenche la sirène d'alarme. De cette façon, vous apprendrez à affronter vos pires peurs.

Quand vous ne ferez qu'un avec la peur, vous ferez l'expérience d'une lumineuse clarté. En étant attentif à ce qui vous fait peur, vous ferez l'expérience de sa nature changeante et intangible. Il est difficile de mettre exactement le doigt dessus. La peur peut sembler un obstacle insurmontable, mais à l'intérieur de cet espace de clarté, la peur doit céder la place. Supposons que vous devez rencontrer votre patron tôt le matin. Tandis que vous vous rendez à votre travail, vous commencez à penser à ce que vous lui direz et à la façon dont il réagira. Vous commencez à éprouver un sentiment d'appréhension. Prendre conscience que ces pensées sont des projections sans fondement vous aidera à vous libérer de leur emprise et vous ramènera dans la clarté du moment présent.

Vous ne serez jamais libéré de la peur à moins de ne faire qu'un avec cette clarté. Toutefois, tandis que vous avancez en territoire inconnu, cette pénétrante clarté peut révéler l'existence d'un niveau de peur encore plus profond. Le mode d'existence inconditionnel est bien au-delà du domaine de l'esprit égocentrique. Nous n'avons pas la moindre idée de ce que nous devons faire pour fonctionner dans ce vaste espace déstructuré. L'ego n'y a aucun rôle à jouer, et cela peut s'avérer terrifiant. Pour nous donner l'illusion d'être en sécurité, nous nous fions aux points de référence de l'ego et nous nous raccrochons à nos concepts. Mais grâce à la pratique de la méditation, nous pouvons nous familiariser avec le caractère infondé de la peur.

Nous pouvons avoir de la compassion pour les autres parce que nous faisons tous l'expérience de la peur. On ne peut pas dire aux autres : « N'ayez pas peur ; tout ira bien. » Cette approche est trop simpliste sur le plan intellectuel, en plus d'être grossière et autoritaire. Quand vous dites : « Il n'y a pas de raison d'avoir peur », vous insinuez par le fait même que vous ne craignez rien. En réalité, vous avez peur vous aussi. C'est la raison pour laquelle vous dites ce genre de choses. Quand on demeure dans la clarté du courage, on peut vraiment aider les autres à se libérer de la peur. C'est la voie de ceux qui sont éclairés.

Regardez à l'intérieur de la peur

Confrontés à la peur, nous pouvons adopter une attitude timide ou agressive, mais il existe un terrain neutre où nous ne sommes pas obligés de nous comporter comme des mauviettes ou des brutes. Au-delà des hésitations et des moyens de défense de l'ego se trouvent conscience et clarté. L'essence de la peur est le courage. C'est un état d'héroïsme naturel qui n'a pas besoin d'être renforcé. Quelle chance de pouvoir reconnaître l'existence de cet état naturel d'où la peur est absente.

Comment se manifeste la peur ? D'où vient-elle ? Où va-t-elle ? Si vous regardez à l'intérieur de la peur avec la clarté de la conscience, vous n'aurez pas besoin d'avoir recours à des tactiques d'évitement ou des manœuvres agressives. Toutefois, pour l'essentiel, nous sommes mal préparés à affronter la peur. Quand nous sommes face à un danger, si nous ne sommes pas pleinement présents et éveillés, la peur nous envahit. Vus de l'extérieur, nous pouvons sembler sûrs de nous-mêmes dans notre robe de soie ou notre habit dispendieux, mais la peur rôde à l'intérieur parce que nous ne sommes pas conscients de ce qui se passe en nous.

Nous pouvons supposer que notre sentiment de peur et d'insécurité a pour cause une crise financière ou une rupture. En réalité, nous avons peur quand nous ne sommes pas conscients de la qualité indestructible de notre véritable essence. Cette essence n'a ni commencement ni fin, et elle est naturellement sans peur et sans reproche.

Tous les événements de notre vie, toutes nos pensées et nos émotions ne sont que la manifestation dynamique de cette essence. L'expérience de la peur est aussi une manifestation de cette essence. Mais nous essayons de balayer nos peurs sous le tapis. Nous jouons les fanfarons ou nous devenons agressifs. Nous imaginons être de grands soldats, banquiers, avocats ou politiciens. Nous pouvons être extrêmement exigeants envers nous-mêmes. Le temps passe et nous perdons lentement notre force physique et notre acuité mentale à mesure qu'approche l'heure de notre mort. Nous perdons notre temps et gaspillons notre énergie à prétendre que nous sommes quelque chose que nous ne sommes pas. Nous faisons d'immenses efforts pour rehausser notre image et améliorer notre réputation, sans jamais découvrir la beauté intérieure de notre véritable essence.

Courage et point de vue

Nous devons reconnaître la nature de la peur avant de pouvoir faire l'expérience du courage. Nous ne pouvons pas simplement fuir la peur. Nous devons nous en approcher. Nous devons entrer dans son intimité. La peur ne surgit pas sans raison. Si nous comprenons la nature de la peur, nous pourrons la dépasser. Mais nous devons pour cela faire preuve de patience et donner aux choses l'espace dont elles ont besoin.

Tout le monde a un point de vue. Toutefois, quand vous vous attachez à votre point de vue, vous devenez rigide comme une planche de contreplaqué qui refuse de plier. Cela perturbe votre équilibre, et vous perdez votre sens de l'humour. Vous ne contrôlez plus votre point de vue ; c'est votre point de vue qui vous contrôle. C'est un peu comme un homme qui aimerait sa petite amie d'un amour si obsessif qu'elle n'aurait d'autre choix que de le fuir. Comme un homme qui se comporterait comme une sangsue en raison de sa solitude, de son sentiment d'insécurité et de ses peurs.

Le Bouddha nous enseigne que le point de vue le plus élevé est celui qui nous libère de tous les points de vue. Ce point de vue suprême ne demeure pas en ceux qui sont rongés par la peur et l'insécurité. Ce point de vue ne demeure pas en ceux qui sont territoriaux. Ce point de vue est confiant et complet en soi. Il n'y a rien à l'extérieur du périmètre de ce point de vue. Ceux qui comprennent ce point de vue englobant sont toujours courageux. Et étant donné que ce point de vue est complet en soi, il n'est pas nécessaire de le manipuler. C'est le point de vue profond.

Ce point de vue est nu et direct. Il est nu comme un fil électrique non isolé dans lequel passe du courant ; alors, faites attention. Vous savez ce qui arrivera si vous lui touchez sans prendre de précaution. Si vous êtes prudent et que vous savez comment manipuler ce genre de fil, vous pourrez exploiter sa puissance et jouir d'une abondance de lumière. Dans notre tradition, on enseigne que les pensées et les émotions à l'état brut doivent être manipulées avec prudence et compétence. Sinon, nous risquons de nous faire du mal à nous-mêmes et aux autres en agissant de façon imprudente et négligente.

Plusieurs d'entre nous ont peur de s'approcher de ce fil. Ils le fuient, au lieu d'apprendre à exploiter sa puissance. Nous avons d'abondantes réserves d'électricité, mais peu d'électriciens. Nombreux sont ceux que ce point de vue intrigue, mais seuls quelques-uns ont la chance d'apprendre à en tirer profit. Si vous ne souhaitez pas apprendre la façon d'exploiter cette énergie, ne vous en faites pas. Ce n'est pas grave. Il est toujours possible d'adopter une approche plus progressive. Il y a un temps et un lieu pour toute chose.

Tout ce que nous percevons, pensons et sentons émane de ce point de vue grand ouvert. C'est le point de vue du courage. Ce point de vue est absolument imzpartial. Il ne discrimine pas. Nous avons tendance à penser que nous sommes meilleurs que les autres. Nous inventons une hiérarchie imaginaire et nous nous plaçons au plus haut échelon. Ce genre de préjugés n'existe pas au début ; ces préjugés viennent par la suite. Au sein de la pureté intemporelle, il n'y a ni corruption ni jugement.

Le soleil nous donne chaleur et lumière. Tandis qu'il rayonne sur la terre, il le fait sans discrimination, éclairant tout le monde de la même façon. Mais si nous n'avons pas le bon point de vue, nous risquons d'accuser le soleil de n'être pas assez lumineux ou pas assez chaud. Peut-être que le soleil est trop bas dans le ciel ou qu'il y a trop de nuages. Mais le soleil est toujours aussi radieux, que nous percevions ou non sa lumière. C'est le point de vue absolu. Cette lumière éternellement éclatante existe en chacun de nous. La sagesse qui existe en vous est le meilleur des maîtres. Cette conscience qui se manifeste d'elle-même est votre meilleur ami et votre plus fidèle compagnon.

Cette sagesse est toujours pure, et cette pureté est gage de liberté. Il y a quelque chose de courageux dans cette pureté fondamentale. Elle est semblable à la fleur de lotus. Bien que plantée dans la boue, la fleur demeure toujours immaculée. Elle plonge ses racines nourricières dans la boue, mais la boue ne la salit pas. Quand elle fleurit, elle est radieuse et sans tache. Elle est absolument distincte du bourbier qui l'entoure. Vous n'êtes pas obligé de rejeter ce que vous avez et de recommencer à zéro. Demeurez simplement dans la boue et croissez. Trouvez en elle l'humidité et les nutriments dont vous avez besoin.

Au sein de cette pureté, tout est accompli et complet. Nous pouvons avoir une confiance indéfectible en ce point de vue. Partout où se trouve un esprit, il est possible d'actualiser ce point de vue immaculé. Nous pouvons partager notre chaleur et notre bonté avec tout le monde ; il y a tout l'espace nécessaire pour cela au sein de cette pureté primordiale. Ce point de vue n'est ni étroit ni limité d'aucune façon ; il est vaste et large, et nous permet d'explorer et de dépasser nos points de vue limités. Nous possédons alors le point de vue suprême et vivons chaque instant de nos vies avec courage.

CHAPITRE 16

Abondantes richesses

Comme une petite fleur

Nous pouvons affronter ce monde rempli de désirs, de colère et d'orgueil — débordant d'émotions tumultueuses — en faisant pleinement confiance à notre nature inconditionnelle. Il n'est pas nécessaire de revêtir l'armure d'un puissant guerrier; nous pouvons prendre la forme d'une petite fleur, douce, tendre, gracieuse et sans prétention. Même si les fleurs de lotus poussent dans la boue, leurs pétales sont d'une pureté immaculée. Nous sommes enracinés dans la boue des émotions négatives, mais notre vraie nature est empreinte de bonté. Par conséquent, nous pouvons défendre notre position en demeurant attentifs et en nous appuyant sur un sentiment de confiance ferme et indéfectible.

Tous les êtres humains sont exposés à d'innombrables formes de souffrance. Nous pouvons contribuer à pacifier la négativité des autres, non pas en les agressant, mais en faisant preuve d'une détermination et d'une assurance sereines. Dans l'absolu, nous sommes tous égaux; la vie de n'importe quel être humain vaut autant que celle du Bouddha. Le Bouddha nous a enseigné que tout le monde mérite notre bonté et notre respect. Reconnaissez la bonté fondamentale qui est innée en chacun de nous.

Quand vous prenez la parole, ne parlez pas pour ne rien dire. Si ce que vous avez à dire n'est pas utile, mieux vaut garder le silence. Les discours frivoles brisent l'harmonie et créent de la discorde. Comme le veut le dicton, ce sont les tonneaux vides qui font le plus de bruit. Moins vous parlerez, moins vous rencontrerez d'opposition. Se retenir de bavarder constamment peut en effet devenir une forme de méditation sacrée et rafraîchissante. Si elles ne proviennent pas d'un cœur bon et compatissant, vos paroles ont peu de chance de rejoindre les autres, mais des paroles sincères, inspirées par un authentique sentiment de bonté, peuvent ramollir les cœurs les plus endurcis.

Sur une île en or massif

Quand vous faites l'expérience de la lucidité que procure la pure conscience, le simple fait de contempler un visage peut devenir une expérience enrichissante. Si vous êtes incapable de voir clairement, c'est comme si vous étiez aveugle. Dans ce contexte, être aveugle signifie être incapable de voir et d'apprécier les qualités vives et colorées des choses et des êtres que vous rencontrez dans votre vie.

Si vous pouvez voir clairement le visage de votre ami, sans la moindre trace d'obscuration, vous apprécierez sa vie d'une façon pure et innocente. Vous chérirez davantage sa présence. Vous ne lui trouverez plus aucun défaut et il n'y aura plus de conflit entre vous. S'il vous arrive de vivre des conflits, cela indique simplement que vous n'êtes pas conscient de la valeur de la vie. Quand vous êtes conscient que la vie humaine est précieuse, vous n'avez plus l'impression que votre point de vue est supérieur. Vous devenez bienveillant et compréhensif. Prendre conscience que la vie humaine est précieuse peut même nous mener à la réalisation suprême. C'est une telle joie de percevoir à quel point la vie est précieuse !

Aimez-vous et respectez-vous. Si vous n'appréciez pas la valeur de votre propre vie, vous n'arriverez pas à vous soucier des autres. Vous leur trouverez toutes sortes de défauts et perdrez de vue la valeur de la vie. Ce serait le plus grand échec qui soit.

Si vous vous retrouviez sur une île où tout est en or massif, vous ne devriez pas revenir à la maison les mains vides. Prenez conscience de ce trésor et accueillez-le à bras ouverts. Profitez de cet or et savourez cette chose d'une valeur inestimable que nous appelons la vie. Quand vous aurez pris conscience du temps que vous avez gaspillé à vous préoccuper de choses sans importance, vous verserez peut-être des larmes de regret. D'un autre côté, prendre conscience de votre chance vous fera verser des larmes de joie. Vous verserez des larmes de joie si vous priez le maître qui est en vous. Si vous regardez au plus profond de vous-mêmes, vous percevrez la nature infaillible du maître. Vous prendrez conscience de votre potentiel et de celui des autres. Alors, vous éprouverez du respect pour le maître, et toutes les formes que vous verrez, tous les sons que vous entendrez et toutes les choses que vous toucherez vous émerveilleront.

Un flot incessant de nectar

La compassion du maître est semblable à une majestueuse montagne recouverte de neige étincelante, et votre dévotion est semblable au soleil. Quand la chaleur de votre dévotion fera fondre la neige au sommet de la montagne, un flot incessant de nectar viendra étancher votre soif et mettre fin à toutes vos privations. Ce doux nectar est la bénédiction du maître.

L'intensité de notre dévotion envers le maître n'est pas constante. Il arrive que le temps se couvre et que des nuages nous cachent la lumière du soleil. Si votre dévotion est forte et résolue, rien ne vous empêchera de jouir d'une totale liberté. Le bien et le mal, le positif et le négatif, les hauts et les bas, tout cela s'évanouira dans l'espace. Les nuages blancs et noirs se dissiperont. Le soleil brillera, le nectar s'écoulera de la montagne recouverte de neige, et vous goûterez à l'élixir de votre vie réelle.

Vous n'aurez plus envie de goûter à ce qui est banal et ordinaire. Les bénédictions du maître vous inspireront un profond sentiment de vénération, et les choses les plus simples vous rempliront de joie. Le monde n'aura pas changé, mais vous le percevrez avec des yeux neufs. Vous ne vous laisserez plus emporter par des idées folles quand vous serez occupé à jouir du monde d'une façon directe et spontanée.

Avec de la résilience, vous traverserez les différentes étapes de votre vie avec l'agilité et la précision d'un danseur professionnel.

Tous les mouvements d'un bon danseur s'inscrivent dans une chorégraphie fluide et exquise. Si votre vie a de la valeur à vos yeux, elle se déroulera comme une magnifique danse. Tout ce dont vous ferez l'expérience, toutes vos pensées et émotions deviendront vos partenaires de danse, et vous bougerez au rythme de ces derniers. Ici, vous trouverez un véritable motif d'exaltation et de joie. Vous deviendrez un danseur accompli, et vous exécuterez votre chorégraphie avec élégance et assurance.

En présence du maître

Dans notre tradition, nous considérons chaque jour comme un jour de bon augure. À tout moment, en toute circonstance, il nous est possible d'actualiser la véritable essence de notre être, ce que nous appelons notre nature bouddha. Par conséquent, chaque instant de chaque jour est précieux. D'une certaine façon, comme l'illumination est toujours à notre portée, nous devons faire confiance à notre potentiel. Des occasions de vivre un véritable éveil spirituel peuvent facilement nous échapper dans le cas contraire. Dans cette tradition, nous croyons que nous pouvons atteindre la libération au cours de cette vie-ci en utilisant adroitement notre précieuse vie humaine, en rencontrant un authentique maître, en suivant la voie avec conviction et en pratiquant avec assiduité. De plus, « en cette vie-ci » ne veut pas nécessairement dire dans un futur lointain. Cela peut vouloir dire à l'instant même !

Ressentez l'urgence de pratiquer avec application, comme si demain ne devait jamais venir. Souriez en toute sincérité, puisque vous n'aurez peut-être plus jamais l'occasion de le faire. Réservez un accueil chaleureux à vos amis, puisque vous ne les reverrez peut-être jamais. Traitez votre maître avec respect, puisque vous ne savez pas ce que demain vous réserve. Donnez sans arrière-pensée, puisque c'est peut-être votre dernière chance de ressentir la joie qu'éprouve celui qui donne. Mettez ces enseignements en pratique et appliquez-vous !

Si votre ami est désagréable avec vous, arrêtez-vous et dites-vous que ce n'est pas votre faute ni celle de votre ami. Les désaccords surgissent parce que nous n'avons pas une vue d'ensemble de la situation. Vous devez donner de l'espace aux événements afin qu'ils puissent évoluer et se révéler pour ce qu'ils sont. Vous devez donner de l'espace à vos pensées. Si vous laissez de l'espace entre votre première pensée et la suivante, entre votre première émotion et la suivante, vous trouverez clarté et compréhension.

Si vous donnez à vos pensées et à vos émotions l'espace dont elles ont besoin pour respirer, vous aurez moins tendance à réagir de façon impulsive et irréfléchie. À l'intérieur de cet espace, vous générerez du respect et verrez la beauté des choses. Cet espace dissipera votre confusion et vous rendra plus attentif. C'est la base de toute méditation. Toutes les activités spirituelles doivent s'appuyer sur cette compréhension des choses. L'illumination elle-même s'appuie sur cette façon de comprendre le monde.

Dans notre tradition, les grands maîtres vous donnent tout l'espace dont vous avez besoin. Quand vous êtes en présence du maître, votre confusion s'évanouit et vous trouvez un espace où demeurer. Même si tout semble en désordre, même si la différence entre ce qui va bien et ce qui va mal dans votre vie est immense, tout cela n'a plus d'importance quand vous êtes en présence du maître. Dans cet espace, le maître ne se laisse par emporter par votre première pensée ou la suivante, et tout devient magique. Même si le maître n'a rien à dire, aucune parole consolante à vous adresser, vous le quitterez apaisé et satisfait, car le maître aura partagé avec vous un aperçu de cet espace infini.

Comprendre

En terminant, je vous encourage fortement à mettre en pratique ces enseignements dans votre vie quotidienne, afin qu'ils produisent des effets et mènent à la véritable réalisation.

La pratique consiste à être doux. La pratique consiste à être bon. La pratique consiste à être compréhensif. Faites preuve de compréhension envers le comportement de vos amis et de vos ennemis. Faites preuve de compréhension envers le comportement des autres et leurs façons de penser. Si vous arrivez à maintenir ce niveau de compréhension, vous n'aurez besoin de rien d'autre. Aspirez toujours à être la personne la plus compréhensive sur cette terre ! Alors, vous parviendrez à vous identifier profondément à toute chose. Vous n'aurez plus rien à accomplir. Avec cette seule chose, vous aurez tout accompli.

Si vous n'êtes pas assez compréhensif, même si vous vous assoyez dans la position du lotus comme un parfait Bouddha, vous n'êtes pas le Bouddha. Si vous ne faites pas preuve de compréhension, même si vous êtes un bouddhiste érudit, vous n'êtes pas un vrai bouddhiste. Mais si vous faites preuve de compréhension, vous êtes un bouddhiste de toutes sortes de façons. Il n'est pas nécessaire d'avoir une certaine silhouette, une certaine couleur ou une certaine forme pour être bouddhiste. Tel que vous êtes, vous êtes un bouddhiste et un disciple des grands maîtres éclairés.

Vous n'avez pas à participer à un seul rituel associé à cette tradition. Vous n'avez pas à étudier un seul texte bouddhiste. Pourvu que vous soyez bon, compatissant et compréhensif, vous êtes un authentique disciple du Bouddha. Cela prolongera votre vie et vous permettra de vivre dans le confort et l'aisance. Finalement, cela vous rendra heureux, et cela rendra les autres heureux par le fait même.

Ce remède à base de compréhension peut guérir toutes les maladies. C'est la chose la plus importante, alors prenez-la à cœur. Rappelez-vous qu'il s'agit de votre vie, *alors ne la gaspillez pas.* Nous nous rapprochons tous davantage de la mort, alors, assumez pleinement la responsabilité de votre vie. Saisissez l'instant en vivant ici et maintenant. Donnez un sens à votre vie. Au moment de votre mort, vous ne voudriez pas avoir le cœur rempli de regrets et sentir que vous avez raté des occasions précieuses. Alors, vivez délibérément. Vivez avec bienveillance. Vivez pleinement conscient.

Quand vous pratiquez de cette façon, le maître est avec vous. Quand vous êtes bon, compatissant et compréhensif, le maître lumineux vit dans votre cœur. C'est ainsi que l'on doit voir le maître, et c'est ainsi que l'on doit mettre en pratique ses enseignements. De cette façon, on récolte les récompenses offertes par la tradition profonde et sacrée de la Grande Perfection.

Que cela puisse être utile à tous.

Épilogue : questions au sujet de l'amour, du travail et de la vie avec Shyalpa Rinpoché

Question : *D'après votre longue expérience, pourquoi les gens souffrent-ils ?*

Son Éminence Shyalpa Tenzin Rinpoché : En venant au monde, nous avons reçu le cadeau précieux et inestimable de la vie. En vieillissant, nous sommes confrontés à la maladie, à la vieillesse et à la mort. Les humains ne peuvent pas vivre éternellement, mais nous essayons de vivre le mieux et le plus joyeusement possible. Toutefois, les êtres humains sont à la merci des émotions perturbatrices du désir, de l'avarice, de la colère, de la jalousie, de l'orgueil, de l'ignorance et de l'insatisfaction. En général, étant donné qu'ils ne sont pas conscients de leur véritable essence, les gens cherchent le bonheur aux mauvais endroits et souffrent de leur ignorance.

question : Nombreux sont ceux qui travaillent d'arrache-pied, qui gagnent beaucoup d'argent, et qui sont néanmoins insatisfaits de leur vie. Comment trouver une façon de mener une vie spirituelle tout en vivant dans un monde matériel ?

Rinpoché : Pourquoi travaillons-nous ? Au début, nous travaillons afin de nous nourrir, de nous procurer un abri et de satisfaire nos besoins essentiels. Avec le temps, nous nous mettons à penser comme des enfants gâtés et prenons tout cela pour acquis. Nous oublions progressivement pourquoi nous travaillons et développons des attentes irréalistes par rapport à notre travail. Nous voulons acquérir prestige, richesse et respect. Négligeant notre développement spirituel, nous aspirons à la réussite matérielle et oublions complètement notre précieuse respiration. Nous devrions apprécier et aimer notre travail, mais notre travail ne devrait jamais totalement nous accaparer. Quand nous devenons accros à notre emploi, nous oublions à quel point la vie est précieuse.

Nous venons dans ce monde pour une raison, et nous ressentons tous le besoin de découvrir le sens de notre existence. Le but de la vie ne consiste-t-il pas à trouver la véritable liberté et à découvrir notre vrai moi ? Être libre ne signifie pas dormir jusqu'à midi et ne pas avoir besoin de travailler ; être libre, c'est être capable de canaliser votre créativité dans votre travail. Vivre une vie spirituelle consiste donc à demeurer sans attache et véritablement libre, tout en fonctionnant dans le monde matériel.

Question : *Que diriez-vous à ceux qui essaient de donner un sens à leur vie, mais qui se sentent confus et déprimés ?*

Rinpoché : Nous avons tous besoin d'un maître qui puisse nous guider et nous introduire à l'essence secrète de la vie. On ne peut certainement pas acheter ses enseignements avec de l'argent ou de l'influence. Vous devez faire preuve de respect et de dévotion envers un maître authentique, qui peut vous guider avec succès sur votre voie spirituelle. Le maître peut vous aider à trouver votre force intérieure en vous apprenant à célébrer la vie. Le fait de pouvoir compter sur les soins et les conseils d'un maître vous assurera de ne jamais sombrer dans la confusion ou la dépression.

QUESTION : *Quel conseil donneriez-vous à des élèves qui ont du mal à vivre le moment présent ?*

RINPOCHÉ : Dans ma tradition, nous essayons de rendre les gens autonomes et de les amener à comprendre leur véritable nature et leur véritable raison d'être. Tous les êtres humains, même les riches et les puissants, manquent de confiance en eux. J'essaie par conséquent d'aider mes élèves à se libérer de ce sentiment d'insécurité et de peur en leur faisant découvrir leur intelligence inconditionnelle, qui est l'état le plus satisfaisant et le plus merveilleux dont on puisse faire l'expérience. J'ai l'impression que les gens devraient se concentrer davantage sur la découverte d'eux-mêmes et se rendre compte à quel point la vie est précieuse. Nous devons apprendre à quel point il est bénéfique d'être compatissant. Nous devons nous efforcer d'atteindre l'éveil spirituel, de façon à pouvoir nous libérer et libérer les autres de la souffrance. Découvrir le savoir absolu dont nous sommes indissociables est la chose la plus essentielle. Ce savoir ne s'acquiert que par l'intermédiaire de la pratique spirituelle et des bénédictions du maître et de sa lignée.

QUESTION : *La plupart des gens sont très attachés à leurs biens matériels. Quel conseil donneriez-vous à ceux qui sont profondément enracinés dans le monde matériel ?*

RINPOCHÉ : La vie est un cadeau inestimable qui mérite d'être célébré. Quand les gens sont fâchés ou en colère, je leur demande d'imaginer qu'ils n'ont plus que deux ou trois respirations à prendre avant de mourir. Je leur demande ensuite de penser à ce qui est le plus important pour eux. La chose la plus importante est notre respiration, notre vie. Profitez au maximum de votre vie et vivez comme s'il n'y avait pas de lendemain. Soyez gentils avec vos voisins; vous ne savez pas si vous les reverrez. Partagez votre richesse; vous ne savez pas si vous aurez une autre chance de le faire. Vivez comme si c'était votre dernière heure. Essayez de célébrer le moment présent, peu importe avec qui vous êtes, et prenez plaisir à ce que vous êtes en train de faire. Ne prenez pas les choses trop au sérieux. Tout dans la vie est éphémère et pareil à des choses vues en songe. Si vous avez des richesses matérielles, il est bon de donner à des œuvres de charité. Si vous accumulez des richesses, vous serez spirituellement pauvres et incapables de célébrer la vie.

QUESTION : *Qu'est-ce que le bonheur pour vous ? Aider les autres rend heureux, et faire la fête rend heureux. Quelle est la relation entre le bonheur et la spiritualité ?*

RINPOCHÉ : Pour moi, le vrai bonheur, c'est la liberté totale. La seule chose qui peut me faire perdre ma liberté est le fonctionnement de mon esprit embourbé dans ses habitudes. Il faut donc que j'apprenne à entrer habilement en relation avec mon esprit. Si nous voulons être heureux, nous devrions commencer par nous rappeler que tout le monde veut être heureux. Nous devons nous préoccuper du bonheur de chacun, pas seulement du nôtre. Il y a plus de sept milliards de personnes sur cette terre, ainsi que d'innombrables autres créatures. Si vous essayez de rester entre les quatre murs de votre petit bonheur personnel, vous ne pourrez pas vraiment être heureux. Poursuivre le bonheur uniquement pour soi-même est une approche à courte vue. Si vous voulez être heureux, pensez à la façon de rendre les autres heureux et agissez en conséquence.

Question : *De quelle façon la charité promeut-elle le bonheur ?*

Rinpoché : Quand on est généreux, le don devient une source d'épanouissement. Faire la charité est une façon de célébrer votre vie. Je pense que les gens qui sont généreux ont une expérience plus gratifiante que ceux qui en bénéficient. La générosité apporte force et liberté en diminuant votre attachement aux choses. Lorsque vous êtes en mesure de partager vos richesses, la générosité devient le moyen d'atteindre vos propres objectifs. Vous ne devriez pas devenir l'esclave de votre richesse. Être charitable, c'est vivre pleinement sa vie !

Question : Qu'est-ce que « *vivre le moment présent* » ?

Rinpoché : Vivre le moment présent, c'est se libérer du passé, du présent et de l'avenir. C'est se libérer du temps, des concepts et des circonstances. C'est ne plus espérer recevoir de récompense. Vivre le moment présent, c'est pleinement embrasser ce moment, et savoir que ce moment est parfait tel qu'il est. Vivre le moment présent est la seule chose qui compte.

Question : *Beaucoup de jeunes sont accros à Facebook et Twitter, ou passent la journée entière sur leurs iPhone et iPod. Pensez-vous que ces développements technologiques empêchent les gens de vivre l'instant présent ?*

Rinpoché : Des personnes brillantes et ingénieuses ont créé ces produits pour notre bénéfice. De telles innovations peuvent aider l'humanité à progresser et à se développer. Mais si nous utilisons la technologie à des fins destructrices, comme les armes nucléaires, nous pouvons détruire nos vies. Des outils comme Internet ou les téléphones cellulaires peuvent améliorer notre vie si nous les utilisons pour de bonnes raisons, pour notre propre bénéfice et celui des autres. L'important, ce n'est pas l'outil lui-même, mais la façon dont nous l'utilisons.

Cela dit, des outils comme Facebook et Twitter pourraient nous piéger et devenir une source de distraction insignifiante. Nous devons nous rappeler que la chose la plus satisfaisante est de vivre pleinement. Si nous ne pouvons pas être vraiment satisfaits et satisfaits de nous-mêmes, le prochain gadget nous ennuiera bientôt lorsque l'effet de nouveauté aura disparu. La technologie en soi n'est pas la cause de nos problèmes. Nous devons être conscients des pensées et des émotions déroutantes qui nous bombardent pendant que nous utilisons ces outils. Nous devons apprendre à gérer ces intrus ! Je recommande à tout le monde de passer au moins cinq minutes par jour sans musique, jeux vidéo, téléphones cellulaires ou Internet. Soyez avec vous-même dans un endroit calme. Il suffit de méditer et d'entrer consciemment en relation à votre esprit.

QUESTION : *Que pensez-vous des femmes qui recherchent la beauté à tout prix dans ce monde où le glamour, la mode et la chirurgie plastique occupent de plus en plus de place ?*

RINPOCHÉ : Les femmes sont belles quand elles sont naturelles et insouciantes. La chirurgie esthétique, le maquillage et la mode sont des outils qui peuvent rehausser la beauté d'une femme, mais leurs effets ne durent pas toujours. Les qualités féminines qu'une femme acquiert à la naissance sont durables. La beauté ultime est d'être soi-même. Une femme doit se connaître et être fière de ses qualités féminines; il n'y a rien de plus attirant que cela. Tara, la déité bouddhiste, proclame : « Tant que tous les êtres humains n'atteindront pas l'illumination, je conserverai ma forme féminine pour leur bénéfice. » Alors, s'il vous plaît, cherchez et trouvez la libération intérieure, comme la belle déesse Tara.

QUESTION : *Comment voyez-vous le phénomène du désir?*

RINPOCHÉ : Nous venons au monde avec le cœur rempli de désirs. Nous ne devrions pas résister à ce qui nous a été donné à la naissance; au contraire, nous devrions apprendre à utiliser et à canaliser cette énergie. La vie vaut la peine d'être célébrée. Les guérisseurs compatissants mélangent du poison et des herbes pour fabriquer des médicaments efficaces. Les désirs peuvent être canalisés, libérés et transformés; la clé est de savoir comment gérer l'énergie du désir. L'énergie libérée du désir n'a pas de conséquences néfastes.

QUESTION : *Il est plus facile aujourd'hui, grâce à Internet, de regarder de la pornographie ou d'organiser des rencontres d'un soir, mais il semble que les gens ont toujours plus de désirs et ne peuvent jamais être satisfaits. Pourquoi?*

RINPOCHÉ : Ceux qui regardent de la pornographie ou qui ont des aventures d'un soir recherchent la gratification en se tournant vers des sources externes. Si vous n'utilisez la sexualité que pour satisfaire vos besoins physiques, vous ne pourrez jamais être pleinement satisfait. Une relation sexuelle de l'esprit et du corps procure une satisfaction complète. Une prière bouddhiste tibétaine déclare que la plus grande fête est de satisfaire votre partenaire. La sexualité ne devrait pas être une activité égoïste; c'est une fête pour la célébration de la vie. Je vous conseille donc de célébrer votre propre vie et d'aimer tout le monde, y compris vous-même. Admirez-vous et soyez fier de vous. Prenez plaisir à être avec vous-même et soyez heureux.

QUESTION : *Comment être honnête avec soi-même tout en assumant ses responsabilités sociales ?*

RINPOCHÉ : Vivre honnêtement, c'est vivre véritablement ce moment sans avoir besoin d'inventer quoi que ce soit. Quand vous avez quelque chose à cacher, alors vous perdez le contact avec le moment et vous vous coupez de la vitalité et de l'énergie du moment. Se regarder honnêtement en face et reconnaître ses faiblesses est une bonne pratique, car nous pouvons tous surmonter ce genre d'obstacles. Tout le monde a des faiblesses. Les gens comprendront et nous pardonneront nos faiblesses. Quand nous sommes capables de nous regarder droit dans les yeux, nous savons vraiment quel est notre but et quelles sont nos responsabilités sociales.

QUESTION : *Vous menez une vie spirituelle depuis plus de quarante ans maintenant. Avez-vous déjà eu envie de poursuivre une autre carrière ?*

RINPOCHÉ : Non, pas vraiment. Pour moi, la spiritualité, c'est être totalement libre de vivre dans l'instant présent. Je ne considère pas l'enseignement comme mon travail. Ma responsabilité est de vivre librement, dans toute la mesure du possible. Peu importe ce que je fais — qu'il s'agisse d'enseigner, d'établir des relations avec des amis ou de répondre à des questions —, j'ai l'impression de communiquer avec les autres en partageant nos précieuses expériences de vie. A-t-on souvent l'occasion de parler avec d'autres personnes de ce que l'on est en train de vivre ? Il est donc très important pour moi de vivre avec compassion, en me souciant de vous et du fait que vous souhaitez m'écouter. En ce qui me concerne, je fais de mon mieux pour entrer en contact avec les gens, tout en essayant de profiter de mes propres réalisations et de mon propre succès. C'est pourquoi cela ne me gêne pas de voyager pour aider les autres autant que possible. C'est ainsi que je pratique et exprime ma sollicitude et mon souci des autres. Ma carrière aura toujours pour objectif d'expérimenter la vraie liberté et d'exprimer ma compassion et mon amour pour tous les êtres sensibles.

Glossaire

Afflictions : (Skt. *klesha*) Attachement, aversion, orgueil, envie et ignorance, qui perturbent l'esprit et obscurcissent sa pure nature.

Sagesse toute accomplissante : L'une des cinq sagesses. L'énergie impure de l'envie se transforme en une sagesse toute accomplissante, qui profite spontanément et sans effort à soi-même et aux autres.

Bénédiction : Le mot tibétain pour bénédiction signifie « transformer un magnifique potentiel ». Ce magnifique potentiel correspond au développement des qualités vertueuses et à la diminution des qualités malsaines. Un enseignant accompli peut conférer des bénédictions à un élève réceptif.

Bodhisattva : (Skt.) Confiant dans la nature innée du Bouddha, un bodhisattva prend la ferme résolution de travailler courageusement pour l'éveil de tous les êtres.

Bouddha : (Skt.) Un être pleinement éveillé, libre de toutes obscurations et rempli des qualités de la sagesse éclairée.

Nature bouddha : La nature ultime et éveillée de l'esprit. Tous les êtres sensibles possèdent cette nature et ont le potentiel de devenir éclairés.

Compassion : Une des quatre qualités illimitées. Le désir sincère que tous les êtres soient libérés de la souffrance et de ses causes.

Offrande du mérite : Offrir l'énergie positive de sa pratique au bénéfice de tous les êtres, y compris de soi-même.

Dévotion : Profond sentiment de respect et d'appréciation des qualités éclairées de l'enseignant, et confiance dans la capacité de l'enseignant à nous faire découvrir notre propre nature éclairée.

Dharma : (Skt.) La vérité telle qu'enseignée par les êtres éclairés. Peut aussi renvoyer à des phénomènes, c'est-à-dire des objets ou des événements.

Sagesse discriminatoire : Une des cinq sagesses. L'énergie impure du désir se transforme en sagesse discriminante, qui distingue clairement les qualités de tous les phénomènes sans confusion.

Fixation dualiste : L'esprit saisit des concepts relatifs tels que « moi » et « toi », croyant qu'ils existent vraiment et de manière indépendante.

Vide : (Skt. *shunyata*) L'absence de tout ce que l'esprit dualiste peut saisir. L'essence de l'esprit ne possède pas de caractéristiques limitatives, mais reflète tous les phénomènes.

Éveil spirituel : Plein éveil à la nature ultime de l'esprit et de la réalité. C'est l'état au-delà de toutes les obscurations, et l'actualisation complète de toutes les qualités positives.

Les cinq sagesses : Les cinq aspects de la sagesse éclairée (la sagesse discriminante, la sagesse semblable à un miroir, la sagesse de l'égalité, la sagesse toute accomplissante et la sagesse omniprésente).

Quatre qualités illimitées : L'amour, la compassion, la joie compatissante et l'impartialité.

Garuda : (Skt.) Dans la mythologie indienne, un oiseau qui peut voler dès qu'il sort de l'œuf. Il symbolise la sagesse primordiale et auto-existante.

Grande Perfection : (Tib. *Dzogchen*) Aussi traduit comme la Grande Intégralité, c'est le sommet du chemin bouddhiste vers l'éveil, et le cœur essence de tous les chemins spirituels. Il est composé des enseignements et des méthodes pour réaliser la nature claire et lumineuse de l'esprit.

L'ESPOIR ET LA PEUR : Quand nous sommes obnubilés par les affaires du monde, nous vacillons entre les extrêmes de l'espoir et de la peur. Nous espérons que les choses vont s'arranger à notre avantage, mais craignons qu'elles ne s'arrangent pas.

IGNORANCE : (Tib. *ma rigpa*) Le manque de connaissance, l'incapacité à reconnaître la nature vide et lucide de l'esprit lui-même. L'ignorance perçoit le moi et les phénomènes comme existant de manière substantielle, indépendante et autosuffisante.

IMPARTIALITÉ : Une des quatre qualités illimitées. Voir tous les êtres sur un pied d'égalité, sachant qu'ils veulent éviter la souffrance et qu'ils ne désirent que le bonheur.

NATURE INDESTRUCTIBLE : Tous les phénomènes résultent de causes et de conditions et finiront par cesser d'exister. La conscience pure est dite indestructible parce qu'elle ne découle pas de causes et de conditions ; par conséquent, elle ne peut pas être détruite. Elle se situe au-delà de ce qui apparaît et disparaît.

INTERDÉPENDANCE : Le fait que tous les phénomènes sont le produit de causes et de conditions. Rien ne peut exister indépendamment.

KARMA : (Skt.) L'ensemble des forces qui ont été mises en mouvement par des pensées, des paroles et des actions antérieures. Le fonctionnement du karma n'est pas fixe ; le karma passé peut être purifié, et le karma futur est influencé par nos pensées et actions du moment.

LAMA : (Tib.) Un titre dans la tradition bouddhiste tibétaine pour un enseignant qui a la sagesse et la capacité de guider les autres sur la voie spirituelle.

LIBÉRATION : Voir illumination.

LONGCHENPA : (Tib.) Généralement considéré comme le plus brillant érudit et adepte de l'école Nyingma du bouddhisme tibétain. Il a vécu au Tibet au XIVe siècle; *Les Sept Trésors* est considéré comme sa plus grande œuvre.

AMOUR (OU BIENVEILLANCE) : Une des quatre qualités illimitées. Le souhait sincère que tous les êtres jouissent du bonheur et des causes du bonheur.

LUMINOSITÉ : Se réfère à l'aspect clair et connaissant de l'esprit. On dit que les phénomènes sont des divinités lumineuses, en ce sens que tout ce que nous percevons est une expression de la clarté et de la capacité cognitive de l'esprit.

MANDALA : (Skt.) Peut être traduit littéralement par « centre et circonférence ». Peut se référer au domaine d'activité du maître spirituel et de ses élèves.

MÉDITATION : La pratique de la focalisation de l'esprit, qui pacifie les pensées perturbatrices et mène à la compréhension de la nature de l'esprit et des phénomènes. Peut aussi se référer à la contemplation des enseignements spirituels, comme les quatre qualités illimitées de l'amour, de la compassion, de la joie compatissante et de l'impartialité.

MÉRITE : élan positif qui s'accumule à travers les actions vertueuses du corps, de la parole et de l'esprit sur le chemin de l'éveil à sa vraie nature.

MIROIR : Utilisé comme métaphore pour illustrer la nature vide de l'esprit, qui peut refléter tous les phénomènes tels qu'ils sont. Tout apparaît à la surface d'un miroir, mais rien n'existe réellement à sa surface.

SAGESSE-MIROIR : Une des cinq sagesses. L'énergie impure de la colère se transforme en une sagesse semblable à un miroir, qui reflète la nature des phénomènes avec précision et sans distorsion.

MUDRA : (Skt.) Un geste symbolique exécuté avec les mains comme expression d'une aspiration et d'une compréhension spirituelle.

ÉTAT NON DUALISTE : L'état de conscience immaculée au-delà de tous les extrêmes conceptuels (moi et toi, bon et mauvais, existant et non-existant, et ainsi de suite).

NON-MÉDITATION : L'état dans lequel l'esprit est naturellement conscient, paisible et immunisé contre les pensées perturbatrices ; par conséquent, dans cet état, la pratique de la méditation formelle est superflue.

OBSCURATIONS : Facteurs cognitifs ou émotionnels qui voilent la nature immaculée de l'esprit. Les obscurations sont dues à l'ignorance ; elles ne sont pas intrinsèques à la nature même de l'esprit.

PADMASAMBHAVA : Reconnu au Tibet comme le deuxième Bouddha ; le grand maître qui a apporté les enseignements de la Grande Perfection de l'Inde au Tibet au VIIIe siècle.

UNE NAISSANCE HUMAINE PRÉCIEUSE : une vie humaine est dite précieuse parce que, dans les bonnes conditions, on peut pratiquer les enseignements du Bouddha et atteindre l'illumination.

INTENTION PURE (OU MOTIVATION PURE) : L'aspiration et la détermination d'agir au bénéfice de tous les êtres, pas seulement pour soi-même.

PERCEPTION PURE : Perception exempte d'obscurations conceptuelles et émotionnelles. Elle est neuve et vive dans l'instant, posant un regard pur sur tous les êtres et tous les phénomènes.

RÉALISATION : Se produit lorsque les obscurations sont purifiées et que l'on réalise la vraie nature de l'esprit et des phénomènes.

Refuge : Dans la tradition bouddhiste, on se réfugie — ou on cherche une protection — dans les Trois Joyaux : le Bouddha, le Dharma et le Sangha.

Renoncement : La résolution d'emprunter une voie spirituelle parce que l'on éprouve de la lassitude et de la tristesse face à la futilité de chercher le confort et le succès en ce monde.

Rinpoché : (Tib.) Signifie littéralement « précieux » ; un titre de respect pour les grands maîtres bouddhistes tibétains.

Maître-racine : Maître principal pour qui on ressent le plus grand sentiment d'intimité et la plus grande dévotion. Le maître qui donne un enseignement personnel et nous fait découvrir la vraie nature de l'esprit.

Samsara : (Skt.) Renvoie à l'illusion qui découle du fait de s'accrocher à l'idée erronée qu'il existe un « moi ». La saisie de soi est la cause de l'attachement, de l'aversion et de l'ignorance, qui se traduisent par des cycles continus de souffrance.

Sangha : (Skt.) La communauté des adeptes de la voie bouddhiste qui peut aider à guider les autres.

Auto-libération : La libération naturelle et spontanée des pensées perturbatrices et des émotions afflictives dans l'état ouvert de la pure conscience.

Six perfections : Les pratiques d'un bodhisattva : générosité, discipline, patience, diligence, méditation et sagesse.

Joie compatissante : Une des quatre qualités illimitées. Se réjouir du bonheur des autres et souhaiter que leur bonheur ne fasse qu'augmenter.

Trois Joyaux : le Bouddha (maître), le Dharma (enseignements) et la Sangha (communauté des adeptes). Un bouddhiste se réfugie dans les Trois Joyaux.

Trois pratiques sublimes : 1) Générer l'intention pure ; le souhait que son activité profite à tous les êtres, pas seulement à soi-même. 2) Pratiquer cette activité avec attention et conscience tout en étant conscient de sa nature éphémère. 3) Consacrer les résultats de sa pratique au bénéfice de tous.

Essence véritable : Pure, conscience primordiale. Notre véritable essence est inexprimable, au-delà de toute construction conceptuelle.

Vraie nature (ou nature innée) : La nature éclairée, au-delà de toute confusion et obscuration. Elle est innée chez tous les êtres ; par conséquent, tous les êtres ont le potentiel de devenir éclairés.

Nature inconditionnelle : La nature pure et vide de l'esprit, qui reflète tous les phénomènes, mais qui n'est pas affectée ou conditionnée par quoi que ce soit.

Vajra : (Skt.) Le symbole bouddhiste de l'indestructibilité et des moyens habiles.

Vajrayana : (Skt.) La voie rapide qui peut mener à l'illumination en une seule vie. Ses enseignements et instructions sont basés sur un ensemble de textes connus sous le nom de tantras.

Guerrier : Terme métaphorique souvent utilisé pour décrire les authentiques adeptes de la voie spirituelle. Les adeptes affrontent et vainquent courageusement leurs obstacles et leurs faiblesses intérieures afin de se libérer et d'en faire bénéficier les autres.

Sagesse : La nature pure, connaissante et lumineuse de l'esprit, au-delà de toute fixation dualiste.

Sagesse de l'espace absolu : L'une des cinq sagesses. L'ignorance se transforme en sagesse de l'espace absolu, qui est l'aspect vaste et ouvert de la vraie nature de l'esprit.

Sagesse de l'égalité : Une des cinq sagesses. L'énergie impure de l'orgueil se transforme en sagesse de l'égalité, qui voit tous les phénomènes avec impartialité et équanimité.

Joyau magique : Dans la mythologie indienne, il accorde tout ce que l'on peut désirer. Il représente la nature éveillée, la capacité de s'épanouir pleinement et d'être utile à soi-même et aux autres.

Au sujet de l'auteur

Son Éminence Shyalpa Tenzin Rinpoché est un maître de méditation hautement accompli et un grand érudit dans la tradition bouddhiste tibétaine. Avec dignité et clarté, Rinpoché transmet sans compromis les profonds enseignements du Bouddha au bénéfice de tous.

Son style d'enseignement jeune et authentique nous fournit un cadre afin de réaliser notre plus grand potentiel dans notre vie quotidienne. Animé par un sentiment de compassion sincère, il cherche constamment à répondre aux besoins de chacun. Il est tout simplement l'expression vivante du précieux joyau du Bouddhadharma qui exauce tous les vœux. Il est l'un des plus grands maîtres Dzogchen vivants, un professeur et un guide parfait en ces temps troublés.

Rinpoché est renommé pour sa compréhension sophistiquée des cultures orientales et occidentales. Ses élèves apprécient sa grande compassion et sa gentillesse, sa loyauté inébranlable, son sens de l'humour et son habileté à dissiper les faux-semblants. Rinpoché mène une vie familiale active avec sa femme et ses trois jeunes enfants.

Depuis plus de vingt ans, Son Éminence enseigne, organise des retraites, participe à ses séminaires et offre des cours sur l'autonomie dans le monde entier, en plus de donner des conférences dans diverses universités, notamment à Harvard, Yale et à la Naropa University. En 1989, aux États-Unis, Rinpoché a fondé Rangrig

Yeshe inc, une organisation à but non lucratif pour préserver les enseignements du Vajrayana. Il a également fondé le Tibetan Children's Fund, qui a éduqué plus de trois cents enfants en Inde et au Népal. À Katmandou, au Népal, il a rétabli le monastère et centre de Retraite Shyalpa, où il guide plus de 130 moines et nonnes dans la tradition Dzogchen Longchen Nyingtig.

Son Éminence Shyalpa Rinpoché est en train de mettre sur pied un centre pour l'éveil spirituel, Buddhafield, dans la ville de Millerton, New York, qui deviendra un sanctuaire pour nous aider à acquérir une conscience complète de nous-mêmes, au plus profond de nos cœurs. Rinpoché a également créé le Dharmachakra Teaching Fund aux États-Unis et en Europe. Tous les revenus générés par les enseignements de Rinpoché sont versés dans ces fonds et utilisés pour organiser et parrainer de futurs enseignements et retraites.

Rinpoché a fondé les organisations à but non lucratif Wencheng Gongzhu International Foundation à Hong Kong en 2009, WGIF Taiwan en 2010 et WGIF Malaisie en 2011, afin de soutenir ses activités compatissantes dans toute l'Asie du Sud-Est.

Au sujet des centres et des projets de Shyalpa Rinpoché

Rangrig Yeshe et Buddhafield, Center for Enlightenment

Rangrig Yeshe, une organisation à but non lucratif, a été fondée en 1989 pour soutenir les activités compatissantes de Son Éminence Shyalpa Tenzin Rinpoché en Amérique du Nord. Buddhafield, siège de Shyalpa Rinpoché aux États-Unis, a été créé afin de préserver et de diffuser les profonds enseignements de la lignée lumineuse de la Grande Perfection pour les générations futures. Buddhafield, le Center for Enlightenment, est un sanctuaire situé à Millerton, New York. Pour obtenir plus de renseignements, veuillez consulter le site www.buddhafield.info.

Monastère et couvent Shyalpa

En 1992, Shyalpa Rinpoché a fondé le monastère et le couvent Shyalpa à Kopan, Katmandou, au Népal, puis Kyunchen Mipham Shedra, en 2010. En 1989, Son Éminence a fondé le Tibetan Children's Fund. Ce projet vient en aide aux enfants défavorisés de l'Himalaya vivant au Népal et en Inde, en répondant à leurs besoins de base et en assurant leur éducation. Pour obtenir plus de renseignements, veuillez consulter le site www.shyalparinpoche.org.

FONDATION INTERNATIONALE WENCHENG GONGZHU

Shyalpa Rinpoché a fondé les organisations caritatives à but non lucratif Wencheng Gongzhu International Foundation Hong Kong en 2009, WGIF Taiwan en 2010, et WGIF Malaisie en 2011 pour soutenir ses activités compatissantes dans toute l'Asie du Sud-Est. Pour obtenir plus de renseignements, visitez www.wenchenggongzhu.org.

ÉDITIONS

www.ada-inc.com
info@ada-inc.com

www.facebook.com/EditionsAdA
www.twitter.com/EditionsAdA